CATÉCHISME

DU CITOYEN,

OU

ÉLEMENS

DU DROIT PUBLIC

FRANÇAIS,

Par Demandes & par Réponses.

A GENEVE,

Aux dépens de la Compagnie.

1775.

A GENEVE,
Aux dépens de la Compagnie.

1776.

CATÉCHISME
DU CITOYEN,

OU

ÉLÉMENS

DU DROIT PUBLIC

FRANÇAIS.

CHAPITRE PREMIER.

DU Droit Public en général, de la constitution & des fins des Sociétés politiques.

Demande. QU'ENTENDEZ - vous par le Droit Public?

Réponse. J'entends la connoissance des Loix & de la constitution d'une société politique.

D. Qu'est-ce qu'une société politique?

R. C'est une collection d'hommes réunis librement, & par un contrat primitif, pour travailler de concert à leur avantage commun.

A

D. Pourquoi dites-vous d'hommes réunis librement ?

R. Parce que chaque individu de l'espece humaine étant par le Droit Naturel libre & indépendant, son état primitif ne peut être modifié ou altéré que par sa volonté la plus libre & la plus entiere.

D. Pourquoi ajoutez-vous par un contrat primitif ?

R. Parce qu'un semblable contrat (1), exprès ou tacite, est absolument nécessaire à la formation des sociétés, pour conserver les droits imprescriptibles des individus qui s'unissent, & pour déterminer la cause & le but de l'association.

D. Qu'elles sont les Parties contractantes dans le pacte social, & quels en sont les articles essentiels ?

R. Les Parties contractantes sont la masse des associés d'une part, & chaque individu de l'autre. Les premiers reçoivent en corps le don que chaque membre fait à la généralité de sa personne & de sa propriété, & l'assurent en même temps de protéger l'une & l'autre de toute l'étendue de leur puissance collective.

D. Quelle est la cause de l'association ?

R. La foiblesse des individus, le besoin qu'ils ont les uns des autres, l'oppression des foibles par les forts, & la nécessité d'y porter remede, & d'assurer à chaque particulier la propriété de sa personne & de ses biens, en formant par la réunion des forces individuelles une masse capable de les protéger.

D. Quel est le but de la société politique ?

R. Ce but doit être essentiellement la conservation & le bien-être universel des membres de la société, & il seroit absurde qu'il pût y en avoir d'autre.

D. Le contrat primitif est-il essentiel à l'institution d'une société ?

R. Ce contrat est tellement essentiel, que c'est uniquement lui qui donne l'être à la société civile ; c'est par son observation seule qu'elle subsiste, & sa violation entraîne nécessairement avec elle la dissolution du corps politique.

D. Par quel moyen peut-on atteindre le but de l'institution sociale ?

R. Par l'établissement d'une force qui dirige vers ce but l'ensemble de la machine politique.

D. Quelle est cette force ?

R. C'est l'autorité souveraine.

D. Où doit résider cette autorité ?

R. Le simple bon sens le suggere, dans une volonté qui tendant essentiellement au bien de l'état, ne puisse jamais s'en écarter.

D. Développez-moi cela ?

R. Par-tout où l'autorité souveraine réside dans une volonté qui n'a point de liaison essentielle avec l'intérêt public, l'ordre social n'est plus alors qu'un état précaire, incertain, dangereux, & par cela même contraire aux droits & à la constitution de l'homme.

Parce que ce rapport de la volonté directrice à l'intérêt général, étant purement contingent, & par conséquent destructible, peut s'annéantir d'un moment à l'autre ; la volonté devier du but de l'établissement, tendre vers une fin opposée, & tourner toute son activité vers la ruine du corps & des membres de l'État.

Dès-lors la sûreté seroit nulle pour les membres de l'association, parce que leur état seroit incer-

A 2

tain, & qu'incertitude & sûreté sont des choses absolument contradictoires ; l'autorité qui les dirigeroit pourroit à la vérité s'accorder aujourd'hui avec l'intérêt général ; mais il n'existeroit aucun motif pris dans la nature de cette même autorité, qui pût les assurer de la permanence de la direction actuelle : cet accord tenant à des rapports accidentels, à des circonstances variables, seroit-il donc un garant suffisant pour un dépôt aussi précieux que celui qui résulte de l'union politique, dépôt où chaque individu remet tout ce qui constitue son existence, c'est-à-dire sa vie, sa liberté & sa propriété ? Si l'on convient, ainsi qu'on est obligé de le faire, que cette volonté directrice, liée avec l'intérêt public par des rapports aussi muables, peut tendre à la ruine du corps politique aussi bien qu'à son avantage ; rien de plus dangereux que l'état civil dans cette supposition ; rien de plus illusoire & de plus illégitime que les conventions primitives qui ont posé la base de cet état : en effet, le premier devoir de l'homme est le soin de sa conservation. Tout état qui s'oppose à l'exercice de ce devoir, qui prive l'individu des moyens de pourvoir à son bien-être, qu'il tient de la main même de la nature, sans y substituer aucun moyen d'institution, & qui tous au contraire le livre sans défenses à des très-grand dangers, un pareil état, dis-je, est par cela même illégitime & contraire à la constitution de l'homme. Or telle seroit nécessairement la situation précaire des membres d'un Corps politique, dans lequel la volonté souveraine n'étant point essentiellement liée avec l'intérêt général, pourroit, en s'écartant du but de son institution, mettre à chaque instant en dan-

ger le corps de l'association , & chacun des associés ; les conventions qui auroient mis des êtres
intelligens dans une position aussi monstrueuse ,
seroient absurdes & nulles de plein droit , parce
qu'elles seroient opposées à la loi de la nature, qui
est la base essentielle de toutes les conventions, &
la force qui les retiendroit dans cet état seroit absolument tyrannique , & ne pourroit être regardée
que comme une véritable guerre contre une portion de l'espece humaine.

Concluons donc que le pouvoir souverain doit
résider dans une volonté qui ait une tendance permanente au bien général, qui ne soit susceptible
à cet égard d'aucune variation, afin que le but
de l'institution soit perpétuellement rempl , que
les forces de l'état soient toujours dirigées vers ce
but essentiel ; & que les membres de la société
jouissent , sous la direction nécessairement droite
de cette volonté, d'une sûreté véritable , & qui
améliore réellement leur état.

D. Dans quelle volonté réside cette liaison
constante & essentielle avec le bien public ?

R. Dans la seule volonté générale.

D. Qu'entendez-vous par la volonté générale ?

R. J'entends le vœu commun de tous les membres de la société , manifesté clairement , & relatif à un objet d'intérêt public.

D. D'où dérive la tendance nécessaire de la
volonté générale au bonheur de tous ?

R. De l'amour de soi , de ce sentiment que la
nature imprime à chaque individu de l'espece
humaine, & par lequel il tend nécessairement &
invariablement à son propre bonheur : dans l'état
civil, les volontés des associés, réunies par le contrat primitif, forment la volonté publique, qui

tend essentiellement au bien de l'association, ainsi que chaque volonté particuliere tend essentiellement au bien de son individu respectif.

D. Pourquoi quelque autre volonté ne pourroit-elle pas aussi bien avoir une tendance essentielle vers le bonheur général (2) ?

R. Parce que cette volonté étant alors une volonté étrangere au corps social, ne pourroit par conséquent être dirigée par le sentiment de l'amour de soi, le seul qui de sa nature soit invariable & indestructible, & n'auroit pour mobile de son action qu'un sentiment nécessairement muable & contingent, & par cette raison incapable de répondre au but de l'institution.

D. Comment se forme l'autorité souveraine ?

R. Elle se forme par la réunion des pouvoirs individuels des associés. En effet, chaque individu chargé immédiatement & spécialement du soin de sa conservation, a reçu pour cet effet des mains de la nature un pouvoir absolu sur son être, pouvoir qui ne peut convenir qu'à lui seul, parce que l'amour de soi qui le dirige, n'existe ni ne peut exister dans une personne étrangere. Or, de tous ces pouvoirs individuels, réunis par le contrat social, résulte le pouvoir souverain (3) qui se trouve dirigé par la volonté générale, comme chacun des pouvoirs élémentaires qui le composent est dirigé par l'amour de soi de l'individu.

D. De quelle maniere la volonté générale agit-elle sur le corps politique ?

R. Elle est générale dans son objet aussi-bien que dans sa source; elle ne statue jamais sur tel ou tel individu ou tel fait particulier; mais ne considérant les personnes & les actions que d'une maniere abstraite, les décisions qui partent de

tous

tous, s'appliquent nécessairement à tous, & c'est
ce qui constitue la légitimité de ses opérations ;
car dans la supposition où elle viendroit à ne
considérer qu'une partie du corps politique, elle
ne seroit plus à l'égard de cette partie, qu'une
volonté étrangere qui, manquant d'un intérêt
essentiellement commun avec l'objet de sa décision, deviendroit sujette à l'injustice & à l'erreur,
& par conséquent dangereuse pour l'individu
ou le corps qui seroit le terme de son action.

D. Comment nomme-t-on les actes de la
volonté générale ?

R. On les nomme Loix.

D. Combien y a-t-il de genres de Loix ?

R. Il en est de deux sortes, les Loix politiques
les Loix civiles. Les premieres ont pour objet
l'ordre général, & les rapports du corps politique avec lui-même. Les secondes ont trait aux
relations mutuelles des Membres de la société,
les uns à l'égard des autres ; les loix fondamentales sont cette espece de loix politiques qui
réglent la forme & la constitution particuliere
de l'Etat.

D. Est-il possible qu'il existe une différence
entre les corps politiques, relativement à la nature même du pouvoir souverain ?

R. Cela est impossible ; puisque le pouvoir
souverain ou législatif appartient nécessairement
au corps de la nation dans toute société légitime,
& que l'obéissance à tout autre souverain seroit
contraire au but de l'association & aux droits sa-
crés & imprescriptibles de l'humanité.

D. En quoi donc peuvent différer les sociétés
politiques ?

R. L'objet de l'autorité législative, étant tou-

B

jours général, ainsi que nous l'avons fait voir, ses décisions générales ont besoin pour leur exécution, d'être particularisées & appliqués aux individus ; il faut donc qu'il existe un agent secondaire, chargé d'appliquer aux personnes & aux actions particulieres, les volontés de la nation ; c'est seulement dans la forme de cet agent, que l'on nomme gouvernement ou pouvoir exécutif, que les diverses sociétés peuvent différer l'une de l'autre.

D. Qu'entendez-vous par-là ?

R. J'entends que la nation peut confier à un corps de citoyens ou à un seul, l'exécution des loix, ou l'exercer par elle-même ; mais que le pouvoir de faire des loix ne peut appartenir qu'à elle seule, & qu'elle ne peut l'aliéner. (4)

D. Quels noms donnez-vous à ces diverses formes de gouvernement ?

R. J'appelle Démocratie, le gouvernement où la nation s'est réservée l'exécution de ses loix ; je le nomme Aristocratie, lorsqu'il est confié à un Sénat ou corps de citoyens choisis ; & Monarchie, lorsqu'un Chef s'en trouve chargé seul & sans partage. (5)

D. Ces formes sont-elles les seules, dont le pouvoir exécutif soit susceptible ?

R. Ce sont là les trois formes simples & radicales ; mais de leur différente combinaison peut résulter une prodigieuse quantité de formes mixtes, qui varient suivant que telle ou telle forme simple domine plus ou moins dans la constitution.

D. Vous avez dit, il me semble, que la nation pouvoit se réserver l'exécution de ses loix ; mais cela ne contredit-il pas ce que vous avez établi

relativement à la nature de l'autorité fouveraî-
ne, dont l'objet est néceffairement générale ?
Or le corps focial & le Souverain étant effentiellement le même être, n'a-t-il pas néceffairement des volontés particulières & des objets
individuels, lorfqu'il exécute fes propres loix ?

R. Il n'y a ici aucune contradiction ; car quoique dans cette fuppofition, le Souverain & le
Gouvernement foient réellement le même corps,
ils forment cependant deux perfonnes diftinguées,
& dont les fonctions font très-diftinctes, & cela
par une fiction commune dans l'ordre focial. Le
corps national eft foumis comme gouvernement aux loix qu'il a établi comme fouverain, &
fe trouve alors reftreint à leur exécution, fans
pouvoir y fubftituer fa volonté momentanée dans
les cas particuliers qu'il décide.

D. Comment nommez-vous en général les dépofitaires de la puiffance exécutive ?

R. Je les nomme Magiftrats.

D. Sur qui s'exerce l'autorité des Magiftrats ?

R. Elle s'exerce fur les particuliers, & non fur
e corps de la nation, qui ne dépend que de lui-
même.

D. Pourquoi cela ?

R. Parce que les Magiftrats n'étant établis
que pour exécuter, & particularifer les volontés
générales du Souverain, leurs fonctions fe bornent à cela, & leur autorité ne doit par conféquent s'exercer que fur les individus & nullement fur le corps de la nation, qui étant le Souverain lui-même, eft par fa nature indépendant
de tout autre pouvoir. (6)

D. Le Magiftrat eft-il par fa nature tellement
inhérent à l'effence du corps politique, que fon

exiſtence ſous telle ou telle forme , ou même priſe abſtraitement , ſoit néceſſairement indépendante & indeſtructible ?

R. Nullement , car il n'eſt rien d'eſſentiel dans le corps politique , que le contrat ſocial & l'exercice de la volonté générale ; ôté cela , tout eſt abſolument contingent & dépend , quant à ſa forme & à ſon exiſtence , de la volonté ſuprême de la nation , dont tout pouvoir civil eſt une émanation. Le ſeul but de la ſociété eſt le bien public , ou la conſervation & l'avantage du peuple ; tout eſt ſubordonné & ſe rapporte à ce point important ; les Magiſtrats & toutes les parties de la conſtitution , ne ſont établies que pour cet objet , & ſont en conſéquence dépendans de la volonté générale , qui eſt le juge naturel de la convenance des moyens à cette fin. Ainſi la nation peut créer , détruire & changer toutes les Magiſtratures de l'état , modifier la conſtitution ou l'anéantir totalement pour en former une nouvelle. C'eſt un droit qu'on ne peut lui diſputer avec aucune ombre de raiſon , & dont l'exercice eſt abſolument laiſſé à ſa prudence.

D. Les membres du Corps politique doivent-ils comme particuliers obéiſſance aux Magiſtrats ?

R. Ils doivent en vertu du contrat ſocial , obéiſſance abſolue aux Magiſtrats , lorſqu'ils leur parlent au nom des loix & qu'ils leur intiment les ordres de la ſociété ; & dans ce cas ils ſe rendroient , par une conduite oppoſée , infracteurs des conventions primitives & dignes d'être traités comme perturbateurs du repos public : mais lorſque les Officiers que la nation a chargé de faire exécuter ſes loix , oſent les faire taire

&

& y fubftituer leurs décifions particulieres , il eft alors du devoir des Citoyens de leur refufer l'obéiffance, comme à des hommes qui agiffent fans autorité , & cela par la double obligation de défendre leur liberté perfonnelle, & de maintenir la conftitution de l'état.

D. Lorfque le Magiftrat s'obftine à foutenir fon ufurpation, & s'efforce d'établir fon autorité fur la puiffance légiflative de la nation , comment doit on le confidérer ?

R. Comme un tyran, & dès ce moment il eft par le droit déchu de fa dignité ; il devient ennemi public, & la guerre eft déclarée entre lui & la nation.

D. Mais fi quelque individu , foit Magiftrat , foit fimple Citoyen , réuffiffant dans une pareille entreprife, dépouille le peuple de fa puiffance légiflative & force les particuliers de fe foumettre à fes volontés arbitraires , quel eft alors le nom & l'effet de cette nouvelle autorité ?

R. C'eft le defpotifme ; & fon effet eft d'annuller le contrat focial , & par conféquent de diffoudre le Corps politique.

D. Quel eft alors l'état des membres de ce Corps ?

R. Dès que les conventions qui les lioient font détruites par la force , chacun d'eux recouvre fon indépendance primitive , & maître & juge de lui-même , n'eft plus foumis qu'aux loix éternelles de la nature , & peut difpofer de fa perfonne fans le confentement de fes anciens affociés. (*)

D. Quel eft , d'après ces principes, l'idée que l'on doit fe faire du defpotifme ? .

R. On doit le regarder comme un état de guerre d'un ou de plufieurs individus , avec une

G

portion de l'espece humaine dont ils oppriment la liberté.

D. Chaque particulier est-il obligé à des devoirs considérables envers la société dont il est membre ?

R. Pour montrer la force & l'étendue de nos devoirs envers la patrie, il suffit de dire qu'ils réunissent dans le plus haut degré, tout ce que nous nous devons à nous-mêmes, & tout ce que nous devons à notre prochain. C'est cette admirable union de l'amour propre & de l'humanité, qui, confondant les soins que la nature nous impose pour notre conservation & la bienveillance qu'elle nous inspire pour nos semblables, rend l'état civil le plus parfait de tous les états, le plus convenable à la dignité de l'homme, & nous démontre en même temps, que tenant par des liens aussi étroits à la société dont nous sommes membres, nous devons consacrer nos personnes, nos talens & nos biens au maintien & à la défense de la liberté publique.

D. Parmi les devoirs imposés à tout citoyen, ne doit-on pas comprendre celui de s'instruire dans le Droit public de sa patrie ?

R. Sans doute, & c'est une de ses principales obligations. Il est en effet impossible qu'il soit attaché à une constitution qu'il ne connoît pas, ou qu'il puisse alors contribuer à son maintien & à sa défense ; il est une portion de l'état, & sa volonté une partie de la volonté générale ; or le droit d'influer dans les résolutions publiques, lui impose nécessairement le devoir d'éclairer son entendement, pour le mettre en état de diriger sa volonté.

D. Tout Français eſt donc obligé de s'inſtruire du Droit public de ſa nation ?

R. Sans difficulté ; & c'eſt une obligation rigoureuſe pour tous ceux qu'une extrême miſere, & la néceſſité de travailler ſans ceſſe pour la ſoulager, n'éloignent pas de tout genre d'étude.

D. Comment nomme-t-on le Droit public de la nation ?

R. Le Droit public français ; & c'eſt préciſément dans certaines circonſtances, où l'on conteſte les principes de toute politique légitime, & particulierement les loix fondamentales de notre conſtitution, qu'il eſt à propos d'en rappeller les maximes, & que l'obligation redouble de s'en inſtruire ſoi-même, & d'en inſtruire ſes concitoyens.

CHAPITRE II.

De la Ruiſſance légiſlative parmi les Français.

D. EN qui réſide la puiſſance légiſlative parmi les Français ?

R. Elle réſide dans l'aſſemblée des états, compoſée du Roi & des trois ordres de la nation, ſuivant la déciſion des Capitulaires, *lex ſit conſenſu populi & conſtitutione Regis.* En ſorte que tout réglement général qui n'eſt point émané de la volonté libre des états, ou qui n'a point d'une autre maniere reçu le ſceau du conſentement exprès de la nation, est nul de plein droit, & ne peut être regardé comme loi.

D. Mais dans ce concours de la volonté du Roi & des états dans l'exercice de la puissance législative, quelle est la plus nécessaire des deux, est-ce celle qui forme l'essence de la souveraineté?

R. c'est la volonté des états ; en effet la nation est propriétaire du Royaume, & le Roi n'en est que l'administrateur ; or dans tout genre d'affaires, c'est la volonté de la personne la plus intéressée qui prédomine de droit, & qui naturellement doit l'emporter sur toute autre volonté. Il est par conséquent des circonstances où les états peuvent agir sans le consentement du Roi ; mais il n'en est point dans tout ce qui a trait à la législation, où le Roi puisse agir sans le concours des états. C'est à eux seuls qu'il appartient de consentir aux loix proposées par le gouvernement, d'accorder & d'établir les impôts, de juger de la succession à la Couronne, de remplacer par une nouvelle élection la maison régnante quand elle vient à s'éteindre, ou de donner alors, s'ils le veulent, une nouvelle forme à la constitution.

D. De qui les Français tiennent-ils ces droits?

R. De Dieu & de la nature, en qualité d'hommes & de membres d'une société politique ; de leurs loix & de leur constitution, en qualité de Français. Nous avons vu que tous les hommes naissent libres & indépendans ; qu'ils ne peuvent être réunis en société que par leur propre fait ; que le but de la formation de ces sociétés est essentiellement le bonheur de ceux qui les composent, & que par une conséquence naturelle, l'autorité souveraine appartient nécessairement à la seule volonté qui ne peut jamais s'é arter du but focial, c'est-à-dire, à la volonté de la nation. Ainfi, par des raifons également applicables à tous les corps politiques, la nation Françaife a le droit le plus inconteftable au pouvoir légiflatif. A ces preuves générales & de raifonnement, fe joignent les preuves pofitives que nous puifons dans nos conftitutions primitives, dans les loix fubféquentes, dans l'hiftoire de nos ancêtres, & dans la tradition & la créance politique des premiers fiecles de notre Monarchie.

D. Ne pourriez-vous me fpécifier quelques-unes des preuves relatives à ce point important ?

R. Les premiers Hiftoriens qui ont parlé des Sicambres, des Saliens, des Chamaves, des Bructeres, & autres peuples Germains qui fe liguerent dans la fuite fous le nom général de Francs ou hommes libres, nous apprennent que chez ces nations le pouvoir légiflatif réfidoit dans le corps des citoyens; que leurs chefs n'avoient d'autre droit que celui de propofer les loix dans les affemblées publiques, & de faire exécuter celles qui étoient déjà faites; que fimples Magiftrats de la république, ils n'avoient d'autorité fur les particuliers que celle qu'elle leur confioit, & d'autre empire fur le corps légiflatif, que celui de l'éloquence & de la perfuafion : ainfi parle Tacite dans fon ouvrage fur les mœurs des Germains, & dans l'endroit où il décrit particulierement les coûtumes & les loix des nations qui dans la fuite formerent la ligue des Francs.

D. Leur conftitution éprouva-t-elle quelque changement dans les fiecles poftérieurs ?

R. Tous les monumens hiftoriques nous atteftent le contraire; en effet, la loi Salique, la plus ancienne des loix franques qui foit parvenue juf-

qu'à vous, porte l'empreinte du pouvoir légiſlatif de la nation ; il eſt dit expreſſément dans la
préface de cette loi , qu'elle fut dreſſée au-delà
du Rhin par les anciens , & ratifiée par le conſentement du peuple ; & depuis , dans les premiers
temps qui ſuivirent l'établiſſement de nos ancêtres dans les Gaules, tous les réglemens généraux
ſont intitulés accords faits entre les principaux &
le peuple des Francs , & ce n'eſt même que
dans la ſuite que le Roi ou premier Magiſtrat mit
ſon nom à la tête des loix ; mais il ne put cependant en faire par ſa propre autorité , & le concours des grands & du peuple fut toujours néceſſaire pour mettre à ſes ordonnances le ſceau
légiſlatif. Quelques Rois entreprirent à la vérité
de dépouiller la nation de ſes droits ; mais s'ils
réuſſirent, leur ſuccès ne fut pas de longue durée , & les diverſes révolutions produites par le
choc du deſpotiſme & de la liberté, aboutirent à
l'anéantiſſement de la puiſſance des Rois, qui
devinrent des Magiſtats réduits à un titre ſans
autorité.

D. Que fit donc la nation pour ſauver la liberté & arrêter les progrès du deſpotiſme ?

R. Elle dépouilla les Rois de la puiſſance militaire, pour en revêtir un Magiſtrat électif, que
l'on nomma Maire ou Duc des Français. La poſ-
érité Royale conſerva le vain titre de Monarque , titre qu'elle perdit même après, pour le
voir paſſer dans la perſonne d'un Maire qui poſſé-
doit la réalité du pouvoir, & fut la tige de la ſeconde race des Rois de France.

D. Que devint l'autorité légiſlative du peuple
ſous ces nouveaux Monarques ?

R. Charlemagne , le ſecond & le plus grand

des Princes de cette race, s'appercevant que les
troubles arrivés sur la fin de la premiere dinastie, & le despotisme de son ayeul Charles-Martel, avoient suspendu l'usage des assemblées nationales, s'empressa à son avénement au Trône,
de les rétablir dans leur premiere intégrité. Ce
Héros, le vrai législateur & l'honneur de la nation Française, persuadé que l'état n'est autre
que le corps des citoyens, que l'intérêt public
& la volonté publique font essentiellement liés,
& que l'un & l'autre ne peuvent résider que dans
la collection de tous les ordres de la société, rappella à ces assemblées la classe plébéïenne du peuple Français, que l'orgueil des grands & sa propre négligence en avoit éloigné depuis long-temps. Ce Prince ami de l'humanité, fit ressouvenir ses concitoyens qu'ils étoient libres, & que
la nature & la loi leur avoient donné le droit &
imposé le devoir de se diriger eux-mêmes : il
convoqua annuellement les assemblées de la nation, que l'on nommoit alors *Champs de Mai*, à
raison de la saison où elles étoient convoquées.
Tous les objets de législation furent réglés dans
ces conseils généraux ; toutes les affaires & les
entreprises du dehors y furent même proposées
par le chef de l'état, & résolues par le concours
des grands & du peuple. Charles évitant avec
soin la hauteur d'un despote, se comporta &
s'exprima toujours dans ces assemblées avec la
modestie du Magistrat d'une nation libre : pénétré de respect pour les droits de ses concitoyens, il se contenta de les éclairer sans prétendre dominer leurs suffrages ; & si son génie
anima & régla fréquemment les délibérations,
ce fut pour donner une nouvelle force à la li-

berté renaiſſante. Ce temps fut auſſi la plus bril-
lante époque de l'Hiſtoire de la nation ; les Français remplis de cette ardeur de courage qui eſt
l'effet naturel de la liberté , étendirent leurs
conquêtes dans toute l'Europe : rien ne réſiſta à
leurs armes ; mais bien différens des eſclaves du
pouvoir deſpotique, qui ne combattent que pour
ſe donner des compagnons d'eſclavage , ils aſſo-
cierent à leur liberté les peuples qu'ils avoient
ſoumis , & les vaincus élevés au rang des vain-
queurs, ne purent que bénir le ſort qui les avoit
aſſujetti à des conquérans auſſi généreux,

D. Ces ſages inſtitutions n'éprouverent-elles
aucun changement ſous les Rois ſucceſſeurs de
Charlemagne ?

R. Quoique le peu de capacité de Louis le Dé-
bonnaire & de Charles le Chauve , préparât dès-
lors les accidens qui dans la ſuite altérerent la
conſtitution, cependant elle conſerva ſous ces
deux Princes ſa forme eſſentielle, & le peuple
exerça pleinement ſon droit légiſlatif. Ceci eſt
atteſté par tous les réglemens publics faits ſous le
regne de l'un & de l'autre de ces Rois : toutes
les loix ſont arrêtées dans l'aſſemblée générale
du peuple , *in generali populi conventu* ; &
dans chacune d'elles, le conſentement national y
eſt expreſſément ſpécifié. Mais les guerres af-
freuſes qui s'éleverent entre les diverſes branches de la maiſon de Charlemagne , ayant favo-
riſé l'ambition de la Nobleſſe, elle ſe ſaiſit, pendant ces troubles, de toute l'autorité légiſlative,
& plongea le ſecond ordre du peuple Français
dans la ſervitude la plus complette. Toute la propriété paſſa dans ſes mains, ainſi que l'autorité,
& la nation fut réellement concentrée dans le
corps

[2ı]

corps des Barons & de leurs Vaſſaux nobles.

D. Qui poſſeda & exerça alors la puiſſance ſouveraine ?

R. Nous avons dit que par la ſervitude du peuple, la nation ſe trouva réduite aux deux claſſes des Barons & de la ſeconde Nobleſſe ; ces deux claſſes formerent donc ſeules, ou prétendirent former le corps de l'état, & retinrent en conſéquence la puiſſance légiſlative. Tous les actes de ce temps-là atteſtent l'exercice qu'ils firent de ce pouvoir ; toutes les affaires publiques étoient réglées dans leurs congrès ou Parlemens, *Colloquia*, & les objets de légiſlation & d'adminiſtration étoient également ſoumis à la déciſion & à la cenſure de l'aſſemblée. Ainſi cette conſtitution, toute injuſte, toute illégale qu'elle étoit, conſerva cependant une image de l'ancienne liberté. C'étoit une république de Seigneurs & de Chevaliers, où l'autorité ſouveraine réſidoit dans la volonté générale. Le peuple ne concouroit point à la légiſlation ; mais c'eſt parce qu'il étoit compté pour rien, & que vivant dans une véritable ſervitude & ſans aucune eſpece de propriété, il n'étoit point cenſé faire partie de l'état. Mais lorſque par le moyen du commerce & de l'induſtrie, il put ſortir de l'anéantiſſement où l'avoient plongé les uſurpations de la Nobleſſe, & ſe former en numéraire, une propriété qui égaloit ou ſurpaſſoit la propriété terrienne des Seigneurs, il ſecoua bientôt le joug qu'on lui avoit impoſé, & redevenant poſſeſſeur, il recouvra dans la légiſlation la part dont on l'avoit injuſtement privé ; les communes ſe formerent, & les aſſemblées nationales, qui prirent alors le nom d'états généraux, furent rétablies dans leur

D

premiere intégrité. Depuis cette époque, le corps de la nation a exercé par le fait auffi-bien que par le droit la puiffance légiflative ; les exemples en font fréquens dans les quatorzieme, quinzieme & feizieme fiecles. On voit plufieurs Rois rendre hommage à fon pouvoir fuprême, réconnoître que leur autorité n'émane que d'elle, qu'ils lui font comptables de l'ufage qu'ils en font ; on les voit folliciter fa décifion, & s'y foumettre quand elle a fait connoître fa volonté.

Ce court expofé fait voir aifément que, foit dans l'état primitif de la conftitution, foit dans les changemens qu'y apporta l'introduction du gouvernement féodal, foit enfin dans ceux qui réfulterent de l'abolition même de ce gouvernement, le pouvoir arbitraire fût toujours également oppofé aux loix & au génie de la nation Françaife. (7)

D. Ce droit primitif exifte-t-il actuellement dans toute fon étendue ? & les efforts que dans les derniers fiecles ont fait quelques Adminiftrateurs pour détruire le pouvoir légiflatif des états, ne lui a-t-il pas porté une atteinte réelle ?

R. ils n'ont jamais pu en porter aucune au droit ; comme il eft inhérent à l'effence du corps politique, tant que la nation Françaife conftituera une véritable nation, elle devra toujours, en conféquence du contrat primitif qui l'a formée, exercer la puiffance légiflative ; & les entreprifes du gouvernement pour lui en interdire l'exercice, ne pourront être regardées que comme des voies de fait, & qui ne diminuent en aucune façon le droit qu'elles attaquent. Ainfi, que la nation exerce ou n'exerce pas fes droits, il eft toujours certain que fon pouvoir légiflattif est le seul légitime, & par conséquent le seul qui oblige les citoyens. Il n'est pas moins vrai que si l'autorité souveraine de la nation se trouvoit absolument anéantie par le despotisme, la société seroit dissoute de droit, toute espece de pouvoir législatif seroit détruit, & les individus n'auroient plus dès-lors d'autres maîtres qu'eux-mêmes, ni d'autres loix que celles de la nature.

D. Dans qui réside le pouvoir d'assembler les états ?

R. Dans le cours ordinaire des choses, il réside dans le Roi seul ; mais il est des circonstances où à son défaut, ou bien même à son refus, ce pouvoir est dévolu au Sénat de France ou Cour des Pairs.

D. Expliquez-vous davantage ?

R. Dans un interregne, lorsque par le défaut d'héritiers, ou par quelque autre raison, le Trône reste vacant, alors la plénitude du pouvoir exécutif tombe à cette partie de l'administration, qui par sa nature est toujours subsistante, c'est-à-dire, à la Cour des Pairs : elle exerce donc le droit de convocation des états, parce qu'il constitue une partie du pouvoir royal. De même, lorsque le bien de la nation exige une assemblée d'états, & que le Prince refuse de l'accorder aux instances du peuple ; dans ce cas, dis-je, la Cour des Pairs peut, en vertu de l'esprit de la constitution qui l'a établie pour modérer l'autorité royale & en empêcher les abus, convoquer l'assemblée nationale sans le concours d'aucune autre Puissance.

D. Qui compose l'assemblée des États ?

R. Ce sont les trois ordres de la nation ; le Clergé, la Noblesse & les Communes ou le tiers-état, ordinairement préſidés par le Roi ; mais il eſt des circonſtances où cela n'eſt pas néceſſaire.

D. Comment ſe convoque ordinairement cette aſſemblée ?

R. Elle ſe convoque par des lettres que le Roi envoie dans toutes les Sénéchauſſées, pour ordonner d'élire les députés, & pour indiquer le lieu où elle doit ſe tenir & le temps de l'ouverture.

D. Comment ſe forme-t-elle ?

R. Elle ſe forme par l'élection que les trois ordres font de leurs députés dans toutes les Sénéchauſſées du Royaume, par les pouvoirs qu'ils donnent à ces députés, d'agir en leur nom & par leur réunion, dans le lieu déſigné par les lettres royaux.

D. Ces pouvoirs accordés aux députés, ſont-ils ſi étendus qu'ils puiſſent agir en toutes les occaſions, ſans conſulter leurs commettans ?

R. Cela ne doit point être ; autrement la nation ſe trouveroit à la merci de quelques hommes qui pourroient abuſer de la confiance, & il ſeroit à craindre que leurs déciſions ne fuſſent pas toujours l'expreſſion de la volonté générale. C'eſt pourquoi, dans les cas importans, dans tout ce qui a trait à la légiſlation & aux intérêts généraux du corps politique, il eſt eſſentiel que les députés ne puiſſent rien ſtatuer ſans avoir communiqué l'affaire à leurs principaux & s'être munis de leur conſentement. Dans les objets purement d'adminiſtration & d'application de réglemens déjà faits, on peut leur laiſſer les rênes plus libres, & leur accorder même des pleins-pouvoirs ; on doit enfin toujours ſe guider par ce principe eſſentiel, que l'intérêt général n'eſt en

ſûreté

sûreté que sous la direction de la volonté générale, c'est-à-dire, de la volonté de la nation elle-même, & non de celle de ses députés, qui ne sont que des interpretes que les différens districts du Royaume ont choisi pour se communiquer mutuellement leurs opinions.

CHAPITRE III.

De la Puissance exécutive parmi les Français.

D. LA forme de la puissance exécutive, est-elle en France simple ou composée ?

R. Elle est composée, puisqu'elle se trouve par la constitution légale du Royaume, partagée entre le Roi & un Sénat, que l'on nomme Cour de France ou Cour des Pairs, par où il est évident que c'est une Monarchie Aristocratique.

D. La balance a-t-elle été toujours égale entre ces deux parties constitutives de l'administration ?

R. Bien loin de là ; car elles ont éprouvé les plus grandes variations dans leur forme & dans leur rapport, depuis l'origine de la nation ; c'est ce que nous allons faire voir en traitant en particulier de chacune de ces parties.

E

CHAPITRE IV.

Du Roi.

D. QUEL eſt en général le ſens du mot de Roi ?

R. Ce mot dérivé du Latin, *Rex*, ſignifie Gouverneur, & c'eſt le titre que l'on donnoit dans pluſieurs Cités d'Italie, à un Magiſtrat chargé de la Juſtice diſtributive, du Sacerdoce, & quelquefois du commandement des armées : les Romains le donnerent à Romulus & à ſes premiers ſucceſſeurs, parce qu'ils exerçoient ces trois fonctions : ils le donnerent même aux Capitaines des Cités Grecques, purement bornés au commandement des armées, & dans la ſuite à certains Magiſtrats des peuplades Germaniques, dont les fonctions ſe réduiſoient à la Juſtice diſtributive ; par où l'on voit que rien n'a été plus incertain que le ſens & l'application de ce mot.

D. Il y a toute apparence que la ligue des Francs, compoſée d'une partie des peuples Germains, eut, ainſi que les autres nations de cette contrée, de ces Magiſtrats auxquels les Romains donnoient le nom de Roi ?

R. Cette ligue étoit diviſée en petits cantons, dont chacun formoit, à certains égards, une Cité ſéparée, & qui avoit ſes uſages & ſes Magiſtrats particuliers ; ceux-ci chargés de l'application des loix & de l'adminiſtration de la

Justice, étoient élus par les citoyens du canton, qui choisissoient ordinairement dans les familles déjà illustrées par la Magistrature. Lorsque les Romains eurent pénétré dans la Germanie, ils donnerent à ces Magistrats le nom de *Reges*, parce qu'à raison de la perpétuité de leur Office, ils trouverent quelque analogie entre eux, & ceux qui portoient autrefois ce nom dans les Républiques d'Italie, quoique dans le fond ils eussent une autorité beaucoup moindre; leur place ne leur donnoit en effet aucun droit au commandement des armées, leurs fonctions se bornant au jugement des différends, qu'ils exerçoient avec les anciens; à la convocation des assemblées du canton où ils présidoient, & sur lesquelles ils n'avoient d'autorité que celle de la persuasion.

D. Comme la ligue Franque étoit composée de plusieurs nations, chacune d'elles avoit-elle un seul Roi?

R. Il paroît qu'il y en avoit plusieurs dans chaque nation, puisque les cantons ou *Pagi*, comme les Romains les appelloient, étoient une subdivision de la nation, & qu'il y avoit un Roi à la tête de chaque canton, lequel, ainsi que nous l'avons dit, étoit le Juge civil de cette subdivision.

D. Comment ces peuples pourvoyoient-ils à la conduite des expéditions guerrieres?

R. Ils élisoient des Généraux, dont le pouvoir étoit limité à la durée de l'expédition; & dans le choix, ils n'avoient aucun égard à la noblesse de l'origine, mais seulement à la plus grande réputation de valeur.

D. Les Rois ne commandoient-ils jamais les armées?

R. Il arrivoit souvent qu'on leur en confioit le commandement, lorsqu'ils en étoient dignes; mais c'étoit alors en considération de leur valeur, & nullement à raison de leur Magistrature.

D. D'après cela devons-nous regarder la partie exécutive de l'ancienne constitution des Français comme Monarchique?

R. Tout nous prouve au contraire qu'elle ne l'étoit point; le pouvoir des premiers Magistrats étoit trop resserré pour que leur administration pût être regardée comme Monarchique dans l'acception commune de ce mot; le pouvoir législatif appartenoit, suivant l'ordre naturel, au Corps de la nation; l'exécution des loix & la manutention de la Police, étoit entre les mains du conseil des Vieillards, auquel présidoit le premier Magistrat. Ainsi c'étoit une véritable Aristocratie, & le Gouvernement étoit aussi peu Monarchique qu'à Rome, lorsque le Sénat étoit présidé par les Consuls; ou de nos jours à Venise, lorsque le Doge préside aux Conseils de la République.

D. Le pouvoir de ces premiers Magistrats ne s'accrut-il pas insensiblement?

R. Il s'accrut dans la suite, lorsqu'ils se trouverent souvent en possession du commandement des armées; mais cette augmentation de pouvoir, extrêmement précaire & sujette à de grandes révolutions jusqu'au temps de Clovis, n'acquit une véritable consistance que dans sa personne. Ce Chef s'étant défait par ses artifices des différens Magistrats de la ligue des Francs, réunit sur sa tête, par le consentement de la nation, la totalité des pouvoirs qu'elle avoit délégué à plusieurs. Il sçut joindre à cette autorité le commandement perpétuel de armées de la ligue, que les Francs lui déférerent à raison de sa valeur & de sa capacité militaire : il exerça ainsi pendant sa vie le plus grand pouvoir qu'on eût jamais vu entre les mains d'un seul homme, & le transmit à ses successeurs dans toute son étendue : mais ces Princes venant à abuser de leurs forces, les tournerent contre la nation, qu'ils tâcherent de réduire en l'esclavage. Ce projet, qu'ils dévoilerent ouvertement, engagea tous les Ordres de l'état à s'unir pour la défense de leur liberté ; le seul moyen d'arrêter le progrès du despotime, fut alors, par un jugement unanime, de dépouiller les Rois de la partie la plus active de leur autorité, c'est-à-dire, de la puissance militaire ; elle fut donc séparée de la Royauté, & conférée par le peuple à un Magistrat électif. Ce Magistrat fut le Maire du Palais, à qui l'on remit l'inspection & le commandement général des forces de l'État. Ceux qui dans la suite occuperent cette place, se rendirent presqu'aussi absolus que les Rois dont on avoit diminué le pouvoir, jusqu'à ce que Pepin, Maire ou Duc des Français, reçut de la nation le titre de Monarque, & par cette élection la puissance militaire se trouva réunie pour la seconde fois à l'autorité Royale.

D. Après ces différentes variations qu'avoit éprouvé la Royauté depuis son origine, ne se fixa-t-elle pas enfin dans des limites certaines ?

R. Charlemagne, fils de Pepin, qu'on doit regarder comme le vrai Légilateur des Français, portant son génie créateur sur toute les parties de la constitution, affermit d'un côté la liberté des peuples sur des fondemens assurés, & rétablit l'empire des loix & de la volonté générale ; & de l'autre, marqua les bornes légitimes dans lesquelles devoit s'exercer la puissance Royale. C'est alors que son activité légale fut fixée par le consentement de la nation ; & c'est par conséquent à cette époque qu'il faut remonter, pour juger de l'étendue qu'elle doit avoir dans la constitution, puisqu'aucune décision subséquente de la volonté générale, n'a jusqu'à nos jours agrandi ou resserré les limites de cette autorité.

D. Quelle est donc de nos jours l'étendue légale de la puissance des Rois ?

R. Le Roi est la première personne de l'état, le Chef de la nation, & en cette qualité son premier Juge ; c'est lui qui préside ou est censé présider le Tribunal Suprême du Royaume, qui est la Cour des Pairs, avec laquelle il est incorporé par la constitution ; c'est lui qui assemble le Corps législatif ou les trois Ordres de l'État ; qui a droit conjointement avec la Cour des Pairs, de traiter & préparer les matieres avant qu'elles ayent passé à la décision des États ; qui, lorsqu'elles ont reçu le sceau du consentement de la nation, est chargé de les faire exécuter avec le concours de cette même Cour des Pairs, à laquelle il est inséparablement lié dans tout ce qui a trait à l'autorité civile ; c'est enfin lui qui est le dépositaire de toutes les forces de l'État, & dans cette partie de l'administration, n'est nullement astreint à se combiner avec aucun Corps ou Magistrat quelconque. Il possede toutes ces diverses branches d'autorité, par un droit héréditaire, que le consentement tacite de la nation continue de mâle en mâle seulement ; mais il ne doit les exercer que conformément aux loix conftitutives établies par la fociété ; loix dont elle a confié le dépôt à la Cour des Pairs , qui par cette raifon fe trouve chargée de leur défenfe dans tous les temps où le Corps légiflatif n'étant pas affemblé, ne peut élever fa voix pour les protéger lui-même.

D. S'il eft vrai que ce foit là les limites dans lefquelles doit s'exercer la Puiffance Royale, que penfer des accroiffemens que plufieurs Rois ont voulu donner à leur autorité, particulierement Louis XI. & quelques uns de fes fucceffeurs ?

R. Ces accroiffemens , foit qu'ils n'ayent été que paffagers, foit que par la négligence de la nation ils foient devenus permanents, font de vraies ufurpations, & doivent être confidérés comme des voies de fait, qui ne peuvent en aucune façon déroger au droit. Le pouvoir Royal doit refter immuablement fixé dans les limites qui lui furent affignées fous Charlemagne, parce que cette limitation fe fit par un acte de la volonté générale, & qu'il eft impoffible de trouver dans l'Hiftoire, depuis cette époque jufqu'à nos jours, une réfolution du Corps politique affemblé, qui reconnoiffe une plus grande étendue de pouvoir dans le premier Magiftrat de la nation ; & que ce n'eft point un de ces cas où l'on puiffe fuppofer un confentement tacite, & l'affimiler à un confentement exprès.

CHAPITRE V.

Du Parlement, Cour de France ou Cour des Pairs.

D. Quelle eſt en France la ſeconde branche du pouvoir exécutif?

R. C'eſt un Sénat auſſi ancien que la Monarchie, & que l'on nomme aujourd'hui Parlement, Cour de France ou Cour des Pairs.

D. Quelle part la Conſtitution lui donne-t-elle au Gouvernement?

R. Il forme, en vertu des loix fondamentales, le Conſeil perpétuel de la nation; c'eſt lui qui chargé par ces mêmes loix du dépôt de tous les actes de la volonté générale, eſt prépoſé à leur défenſe & à celle de la liberté publique, dans tous les temps où la nation n'étant point aſſemblée, ne peut elle-même faire entendre ſa voix; c'eſt la Cour ſuprême de juſtice, qui décide en dernier reſſort toutes les conteſtations quelconques entre les Citoyens; qui eſt en outre armée d'une force coercitive, pour réprimer dans l'État tout ce qui s'écarte du but ſocial, trouble l'ordre politique, ou attaque la liberté générale ou particuliere; c'eſt ce Corps qui, conjointement avec le Roi, qui en eſt le Chef-né, prépare les matières qui doivent être portées à l'aſſemblée des Etats; c'eſt à lui que, dans la vacance du Trône, eſt dévolue la totalité du pouvoir

voir exécutif ; c'eſt lui qui, dans tout ce qui a trait à l'autorité civile , légitime par ſon concours les opérations du Monarque ; c'eſt enfin ce Sénat qui , par la perpétuité de ſon exiſtence & de ſes vues , forme une colonne qui donne à la République une baſe aſſurée , un lien qui unit toutes les parties de l'État , & une lumiere qui le dirige dans toutes les occaſions & dans tous les temps. (8)

D. Quels ſont les Membres de cet Auguſte Corps ?

R. Les Principaux ou Grands de la nation conſtituerent toujours l'eſſence du Parlement : les Leudes ou Fideles dans les premiers temps de la Monarchie , les hauts Barons ſous le gouvernement féodal , étoient les Membres eſſentiels de cette Cour ; & les Pairs du Royaume , qui ont remplacé ces derniers , en forment actuellement le fond inaltérable.

D. Mais outre les Grands , qui , par leur naiſſance & leurs titres , ſont Membres eſſentiels du Sénat de la nation , ce Corps ne renferme-t-il pas d'autres Magiſtrats ?

R. Dans le douzieme ſiecle , on introduiſit dans le Parlement des Légiſtes , dont l'emploi fut premierement d'aider les Seigneurs qui le compoſoient à débrouiller le cahos des loix Romaines dont on commençoit à faire uſage ; ces Juriſconſultes eurent dans la ſuite voix délibérative , & partagerent les fonctions des Seigneurs : enfin , depuis trois ſiecles, ce ſont eux ſeuls qui tiennent les ſéances ordinaires & perpétuelles du Parlement.

D. Leur ſéance a-t-elle pu préjudicier en quelque choſe au droit des Pairs ?

R. Nullement ; ces Seigneurs ont continué à

E

former l'essence du Parlement ; & bien loin que leurs droits ayent pu recevoir aucune atteinte de l'addition de ces nouveaux Magistrats, ceux-ci ne tiennent les leurs que de la Pairie, dont leur ministere est une émanation : ils en sont les assesseurs, & forment avec elle depuis trois siecles, un corps que la constitution ne permet pas de diviser ; en sorte que les Pairs sont toujours censés siéger au Parlement, où il est même nécessaire qu'ils assistent réellement dans plusieurs occasions, pour légitimer les actes qui peuvent s'y passer. Lorsqu'il s'agit, par exemple, du jugement d'un Pair ou de la décision d'une affaire qui concerne la Couronne, l'ordre demande nécessairement qu'ils soient alors convoqués, & l'on ne peut procéder sans eux, qu'après leurs excuses & l'exposition des motifs qui les empêchent de se rendre à la convocation : ils sont enfin, en vertu des loix constitutives, Magistrats primitifs & essentiels de la Cour de France ; & les Présidens & Conseillers n'en sont que Magistrats secondaires & dérivés des premiers.

D. La dignité de ces places secondaires, quoique moins éclatante que celle de la Pairie, n'est-elle pas bien considérable ?

R. Elle est très-relevée, & les fonctions de ces Ministres des loix forment une des parties les plus augustes de la constitution. Participans de l'éclat de la Pairie, ils partagent avec elle le dépôt des loix nationales, & la défense de la liberté publique. Assis dans le même Sénat, ils sont avec les Pairs Juges majeurs de leurs concitoyens & conservateurs de l'ordre public, balancent le pouvoir Royal, & le retiennent dans les bornes fixées par la constitution. Joints à ce

dernier , ils forment dans l'État le Corps gouver-
nant & chargé d'exécuter les volontés générales de la République. Quoiqu'ils ne possedent point leurs places par un droit héréditaire, ainsi que les Pairs du Royaume , elles sont cependant inhérentes à leurs personnes , & ils ne peuvent en être dépouillés que par les loix. Enfin le Corps entier formant une partie essentielle de la constitution , ne peut être détruit ou altéré que par ce qui a formé la constitution , & qui est la source de tout pouvoir ; c'est-à-dire , par la nation , ou de son consentement exprès ; & aucun de ses membres , soit Pair , soit Magistrat de Robe , ne peut être privé de son état par aucune autre autorité , même par celle du Roi , sans une violation ouverte des loix constitutives de la Monarchie.

D. Ce que vous venez de dire regarde le Parlement de Paris ; mais quelle idée doit-on se faire des Parlemens des Provinces ?

R. Ils sont tous une émanation de ce Sénat primitif , qui réside dans la Capitale , & représentent dans ces différens districts de la Monarchie, le conseil essentiel de la nation , ou le corps de la Pairie.

D. Qui forme le moyen de liaison de ces diverses classes de Magistrature ?

R. C'est la Pairie ; & l'on doit considérer tous les Parlemens du Royaume , comme autant de rameaux du même arbre , dont la Pairie forme le tronc & les racines : c'est d'elle qu'ils tirent leur vie & leur existence légale ; ils ne font tous qu'une même Cour des Pairs , parce que la Pairie en est une , & ne peut se diviser. Aussi les Pairs prennent-ils séance dans tous les

Parlemens des Provinces , ainſi que dans celui de Paris ; & lorſqu'ils n'y ſiegent pas réellement, ils ſont toujours ſuppoſés y aſſiſter.

D. Mais le Parlement de Paris n'a-t-il point quelque prééminence au-deſſus des autres Parlemens ?

R. Il en a & doit en avoir néceſſairement , puiſqu'il eſt la ſource commune d'où ils tirent leur origine , & le modele ſur lequel ils ont été formés , qu'il eſt de plus le conſiſtoire ordinaire de la Pairie & ſa production immédiate ; c'eſt pour cela qu'il eſt appellé par excellence, la Cour des Pairs & *la Cour Métropolitaine du Royaume* : ainſi , comme c'eſt dans cette Cour qu'eſt le ſiege primitif de la Pairie , c'eſt auſſi dans le lieu de ſa réſidence & dans ſon ſein que doivent ſe tenir ces grandes aſſemblées où les Rois préſident,& que l'on nomme grands Parlemens ou Lits-de-Juſtice; c'eſt là & non ailleurs que les Pairs doivent être jugés, & ſe décider toutes les grandes queſtions qui intéreſſent la Couronne.

D. Mais ſi tous les Parlemens , étant liés en- tr'eux par le moyen de la Pairie , ne conſtituent qu'un Sénat unique , & que celui de Paris ſoit la Cour ordinaire des Pairs , tous les actes qui y ſont paſſés , le Roi & les Pairs y ſéans, ſont donc cenſés publiés & acceptés dans tous les autres , & ceux-ci ne peuvent point s'y oppoſer ?

R. Il faut diſtinguer ; s'il s'agit du jugement d'un Pair , ou d'une queſtion qui regarde la Couronne , je répondrai pour l'affirmative ; mais il n'en eſt pas de même s'il s'agit de quelque objet relatif à l'intérêt général des peuples , ou à celui de quelque Province en particuliér , & alors le conſentement du Parlement de Paris ne peut

point

point obliger les Parlemens dès Province, qui, malgré cette acceptation ont toujours le droit de réclamer.

D. Le Sénat de France a-t-il joui dans tous les temps de la durée de la Monarchie, des mêmes prérogatives & de la même autorité ?

R. Plus on se rapproche de l'origine de la nation, plus l'autorité de ce Corps paroît étendue. Dans ces temps reculés, le Conseil des Leudes ou des anciens, (la même assemblée que la Cour de France actuelle) étoit dépositaire de tout le pouvoir exécutif ; le Gouvernement étoit Aristocratique ; & bien loin que les Rois ou Chef des Cantons eussent un pouvoir séparé de ce Conseil, ils n'en étoient que les Présidens, & leur autorité se bornoit à recueillir les voix & prononcer les décisions. Dans les mains de ce Sénat, étoit déposée l'administration de la force publique : c'étoit lui qui convoquoit les assemblées de la nation, préparoit les matieres qui devoient y être mises en délibération, & faisoit des réglemens provisoires, qui, par le consentement du Corps politique, avoient force de loi jusqu'à la premiere assemblée générale. Toutes les Républiques bien constituées, ont eu de semblables Conseils ; le Sénat à Rome, le Conseil des Gérontes à Sparte, le Sanhedrim des Juifs, sont des exemples célebres de l'utilité de ces Corps, pour la sagesse du gouvernement & la prospérité d'une nation. (9)

D. Quoique l'accroissement du pouvoir des Rois ait diminué en quelque chose l'autorité primitive du Sénat de France, son influence dans l'administration n'est-elle pas toujours très-grande, sur-tout dans les temps de bon Gouver-

G

nement, & où la constitution est dans un état de santé ?

R. Malgré l'augmentation de ce pouvoir Royal, qui étant réellement un démembrement du pouvoir du Sénat de la nation, a diminué d'autant l'ancienne autorité de ce Corps, il a & doit avoir actuellement un grand poids dans la balance de la constitution (10). Dans tous les temps, les divers ordres de l'État lui ont témoigné la plus grande considération ; la nation a dit positivement dans une de ses assemblées d'États, que le Parlement étoit chargé de la représenter dans les momens où elle n'étoit point convoquée. C'est lui qui, sous les trois derniers regnes, a conféré la Régence pendant les minorités, & en a réglé la forme & le pouvoir. Et l'on peut dire enfin, que le plus ou le moins d'influence de ce Corps dans les affaires publiques, est l'indice de la tendance ou de l'éloignement de l'administration du grand but de la félicité publique.

D. Pour résumer en peu de mots les objets de ces quatre Chapitres, dites-moi quelle est la véritable & légale constitution de France ?

R. C'est une constitution où le pouvoir législatif réside exclusivement dans le Corps de la nation, & où la puissance exécutive est partagée entre un premier Magistrat, que l'on nomme Roi, & un Sénat que l'on appelle Parlement, Cour de France ou Cour des Pairs.

CHAPITRE VI.

Des Droits communs à tous les Membres de l'État.

D. QUELS font les droits communs à tous les Membres de l'État ?

R. Ce font ceux qui réfultent immédiatement du but de l'établiffement de la fociété ; fçavoir, la liberté civile, la propriété & la poffeffion des moyens qui peuvent affurer à l'individu la jouiffance de ces deux objets primitifs.

D. Qu'entendez-vous par la liberté civile ?

R. J'entends l'indépendance perfonnelle de chacun des Membres du Corps focial de toute autre puiffance que de la puiffance légiflative.

D. Comment la dépendance de ce feul pouvoir, & l'indépendance de tout autre, rempliffent-elles un des principaux buts de l'inftitution fociale ?

R. C'eft que le premier but de cette inftitution étant la fûreté & la confervation des affociés ; & le pouvoir légiflatif devant, felon l'ordre effentiel des chofes, réfider excluſivement dans le Corps politique ; tant que le citoyen ne dépendra que de cette autorité, fa perfonne jouira de la fûreté la plus parfaite qu'on puiffe moralement imaginer, puifque le contraire ne pourroit arriver que de deux façons ; c'eft-à-dire, fi le Corps politique fe nuifoit volontairement à lui-même, & alors le citoyen fouffriroit fa part du

G 2

mal public ; ou fi ce même Corps légiflatif tendoit à léfer le particulier ; mais la premiere fuppofition eft abfurde, & répugne à la nature des chofes, & la feconde n'eft pas moins impoffible, puifque l'autorité légiflative ne confidérant lés Membres de l'État, que généralement & d'une maniere abftraite, & jamais les individus comme tels, ne peut chercher à les léfer d'aucune façon.

D. C'eft donc à dire qu'il ne peut y avoir de liberté civile, & par conféquent de fûreté perfonnelle, que dans les États où la puiffance légiflative réfide dans le Corps même des citoyens ?

R. Rien n'eft plus vrai, puifque dans un état de chofes contraire, l'autorité fouveraine n'ayant vers le bien de la fociété, aucune direction néceffaire & effentiellement permanente, ne peut donner à fes Membres qu'une fûreté précaire, & qui, à proprement parler, ne mérite point ce nom.

D. Mais les décrets généraux du pouvoir légiflatif, ayant befoin pour être particularifés & appliqués aux individus, de paffer par le canal des Magiftrats ou dépofitaires de la puiffance exécutive, cette action des Magiftrats fur ces Membres individuels, ne porte-t-elle point atteinte à leur liberté civile ?

R. Non, parce qu'alors les Magiftrats font purement & fimplement les organes du pouvoir légiflatif, qui, par fa nature, ne pouvant jamais parler aux individus ; eft obligé de fe faire entendre par la bouche de ces Magiftrats ; dans ce cas, on ne doit les regarder que comme des inftrumens mis en action par la volonté générale ; & dont chaque citoyen doit fuivre l'impulfion, en vertu des conventions primitives, qui soumettent chacun des associés à l'autorité du tout. Ainsi cet empire du pouvoir exécutif sur les citoyens, ne peut nuire à la liberté civile des individus, puisqu'il n'est autre chose que l'empire même de la volonté générale. Mais observez que cela n'est vrai, que lorsque le Magistrat parle au nom de cette volonté ; & que du moment qu'il s'écarte de ses décisions, ou qu'il leur substitue les siennes propres, les ordres cessent d'être légitimes, le citoyen est obligé de lui refuser l'obéissance, & le Corps politique de le punir de cet abus de son autorité.

D. Que résulte-t-il de ces principes ?

R. Il résulte, premierement, que la liberté de chaque citoyen étant sous la protection des loix & du Corps social, ni Particulier, ni Magistrat, ne peut, sans l'aveu des loix, priver un Membre de l'État de l'exercice de cette liberté ; qu'une entreprise pareille est une infraction décidée du contrat primitif, une insulte faite à l'autorité législative, & un attentat contre les droits de l'humanité ; que des délits aussi multipliés exigent que la nation secoure l'opprimé de tout son pouvoir, punisse l'oppresseur, & l'oblige à une réparation authentique.

D. La conservation des individus étant le principal objet de l'institution sociale, & la liberté, soit naturelle, soit civile, n'étant elle-même qu'un moyen de pourvoir à cette conservation, tout attentat contre la vie d'un citoyen de la part d'un Magistrat, excepté dans les cas où les loix ont prononcé la peine capitale en punition de quelque délit, n'est-il pas encore une infraction plus violente des conventions primitives ?

R. Un pareil attentat feroit un crime atroce, & feul capable d'anéantir le contrat focial, & de diffoudre la fociété, s'il reftoit impuni par la négligence ou la foibleffe du Corps des Citoyens.

D. Il n'eft donc point permis à aucun Magiftrat, foit fuprême, foit fubalterne de forcer arbitrairement un citoyen de quitter fa patrie, ou de le reléguer dans une partie de l'État, en lui interdifant le féjour des autres lieux ?

R. Non, un pareil ordre feroit une violation de la liberté du citoyen, & par conféquent des droits de la nation. Aucun membre de la fociété ne peut être privé de la jouiffance de fon fol natal, de la protection des loix de fa patrie, & de la faculté de fe tranfporter, fuivant fa volonté, dans toutes les parties de l'État, que par ces mêmes loix, & dans le cas où il fe feroit rendu coupable envers le Corps de fes concitoyens, ou feulement l'un d'entr'eux.

D. Ne doit-on pas regarder comme une partie effentielle de la liberté du citoyen, la faculté de raifonner, foit par écrit, foit de vive voix, fur les affaires publiques, & la conduite des Adminiftrateurs ? Et un Magiftrat qui, de fa propre autorité, tenteroit de l'ôter à un ou à plufieurs Membres de l'État, ne commettroit-il pas en cela un acte de defpotifme, & ne devroit-il pas être réprimé par les Loix ?

R. Dans toute conftitution légitime, & où l'intérêt de l'État eft réellement l'intérêt de chacun de fes Membres, où la volonté de chaque citoyen influe dans la législation, comme partie intégrante de la volonté générale, il eft rigoureufement néceffaire que tous les efprits tendent vers le bien public, comme à leur cen-

tre naturel, que tous les yeux soient continuellement ouverts sur ce grand objet, & que toutes
les voix s'élevent en sa faveur ; ce n'est que de
ce concours universel que peut naître l'amour de
la patrie, qui donne la vie à la société ; ce n'est
que par lui que germeront les lumieres sociales,
qui dirigent l'entendement du Corps législatif.
C'est donc à la fois un droit & un devoir inhérent à tout individu dans l'État, que celui de
communiquer à sa patrie les vues qu'il croit lui
être avantageuses, de l'avertir des dangers qu'elle
court, & de l'éclairer sur les défauts de sa constitution. Dans toute société où régnent les lumieres & la liberté, on encourage & on récom-
pense le zele du citoyen qui contribue de cette
maniere au bien général. Ce ne sont jamais que
des Magistrats tyranniques, dont l'ambition est
irritée de voir son manege éclairé par des yeux
trop attentifs, qui voudroient ôter la faculté de
voir & de parler, aux hommes courageux qui
osent dévoiler leurs projets criminels. Ainsi tout
Administrateur qui sur un objet d'intérêt commun
veut imposer silence aux Membres de la République, attaque la liberté civile, affoiblit le patrio-
tisme, qui est le nerf de l'État, & se rend violemment
ment suspect de projets contre les Loix & la
constitution. On n'a le droit de proscrire que les
écrits & les discours qui tendroient à mettre le
trouble dans le Corps social, & à semer la divi-
sion entre les citoyens ; mais cela rentreroit alors
dans la classe des délits publics, & ce seroit aux
loix seules à punir ces offenses contre la société,
& non au Magistrat, de son autorité particuliere,
& par des décisions arbitraires & indépendantes
de la volonté générale.

D. Quel eſt, après la liberté, le droit le plus important pour le citoyen ?

R. C'eſt la propriété.

D. Qu'entendez-vous par la propriété ?

R. C'eſt le droit qu'un ou pluſieurs hommes ont de ſe ſervir, ſans aucune reſtriction, d'une choſe pour leur utilité ou leur plaiſir, & d'en diſpoſer ſuivant leur volonté.

D. D'où dérive ce droit ?

R. De l'obligation de ſe conſerver ; ce qui ne pouvant avoir lieu ſans ſubſiſtance, met chaque individu dans la néceſſité de ſe procurer les choſes qui peuvent la lui donner, & lui en aſſure la poſſeſſion, dès le moment qu'il ſe les eſt procurées.

D. Quels ſont les moyens d'acquérir ce droit !

R. Les moyens primitifs ſe réduiſent à deux ; le titre de premier occupant ; & le travail, le titre de premier occupant, pour les choſes que la nature a miſes en commun, tels que les fruits ſpontanés de la terre, & la terre elle-même ; le travail, pour ce que l'art des hommes peut ajouter à la nature ou lui faire produire, comme les fruits que la culture a fait naître, les troupeaux d'animaux formés & accrus par l'induſtrie des hommes, & toutes les productions des Arts. Il eſt une autre eſpece de moyens d'acquérir la propriété, que l'on peut appeller moyens ſecondaires comme l'échange & la donation ; & ces moyens ſont auſſi légitimes que les premiers, dont ils dérivent ; puiſqu'il eſt clair que chacun pouvant diſpoſer de ſes droits, peut céder ce qu'il a légitimement acquis, pour l'équivalent, ou gratuitement, ſi c'eſt ſa volonté.

D. cette propriété, & ces moyens de l'acquérir

rir, étant les uns & les autres de l'état primitif de l'homme, & antérieurs par leur nature à
l'ordre social, développez-moi actuellement la
liaison de la propriété naturelle à la propriété civile, & comment la premiere a donné naissance
à celle-ci ?

R. Quoique les Loix naturelles assurent à chaque homme le droit de propriété sur ce qu'il ac-
quiert pas des moyens légitimes, cependant l'e-
xercice de ce droit devient extrêmement précaire dans l'état de la nature, à raison de l'inco-
hérence des individus, qui laissant chacun d'eux
borné à ses forces naturelles, livre les foibles à
la merci des forts, relativement à leur liberté &
à leur propriété. Ce sont ces dangers perpétuels
qui ont rapproché les membres de l'espece humaine, & les ont obligés à se lier mutuellement
par des conventions qui forment la base de l'institution civile. Un des articles essentiels du contrat, fut celui par lequel on réunit toutes les
propriétés individuelles en une seule masse, qui
devint la propriété du Corps social : alors chacun des associés reçut une portion de cette masse, non plus en vertu de son premier titre, dont
il avoit fait cession à la Communauté, mais comme dépositaire du bien de l'État, & c'est cette
portion départie aux particuliers, qui constitue
la propriété civile, & dont la possession leur est
garantie par la volonté générale. Observez qu'elle
est en effet, pour chaque citoyen, plus qu'un
équivalent de cette propriété naturelle qu'il a
remis à la société, puisque la possession de celle-
ci n'ayant pour défense que les forces isolées de
l'individu, pourroit à chaque instant lui être en-
levée par une force supérieure, & qu'il a tout au

H

contraire la plus grande fûreté poſſible d'être
maintenu dans ſa poſſeſſion civile, qui lui eſt,
en vertu des conventions primitives, garantie
par la maſſe totale des forces de l'État.

D. La propriété civile étant un don permanent de la ſociété, & un effet du contrat ſocial,
perſonne dans le Corps politique, ſoit Magiſtrat, ſoit particulier, n'a par conséquent droit
d'en priver un citoyen arbitrairement, & hors
des cas où les loix elles-mêmes l'on prononcé
en punition de quelque délit?

R. Cela eſt hors de doute, puiſque par la
conſtitution même de la cité, ce droit eſt inhérent à chacun de ſes membres, & forme une partie de ſon exiſtence civile. Attaquer ce droit
ſacré, c'eſt enfreindre les loix naturelles, qui
ont établi la propriété ſur la baſe eſſentielle de la
ſubſiſtance, violer l'acte par lequel le Corps ſocial exiſte, inſulter enfin, non-ſeulement l'individu que l'on dépouille, mais même la ſociété
propriétaire ſuprême de tous les biens de l'État.

D. Mais la ſociété elle-même ne pourroit-
elle pas priver un de ſes membres de ſa propriété civile?

R. Il eſt oppoſé à ſa nature qu'elle le puiſſe ou
qu'elle le veuille, puiſqu'elle n'agit jamais en
qualité de Corps politique & de ſouverain, que
par des volontés générales, & que ne voyant
que des objets généraux, elle ne peut, en aucune façon, léſer ou favoriſer tel ou tel individu.
Là où le peuple décideroit ſur des intérêts particuliers, il n'agiroit plus comme Souverain,
mais comme Magiſtrat, & ſeroit dès-lors obligé
de ſe conformer aux loix, dont l'eſſence eſt de
ne porter que ſur des objets généraux.

D. En combien de manieres peut-on violer le droit de propriété ?

R. On peut le violer de deux manieres, ou en attaquant la subſtance même de la propriété, comme ſi l'oppreſſeur enlevoit à un citoyen la terre ou l'effet quelconque dont il eſt poſſeſſeur légitime, ou en s'emparant arbitrairement de la production de cette propriété, ſoit en totalité, ſoit en partie ; & ce ſeroit par exemple le cas d'une impoſition miſe ſur un ou pluſieurs membres de l'État, ſans une loi antérieure du Corps ſocial, ou le conſentement exprès des propriétaires.

D. N'eſt-il point au pouvoir des Magiſtrats de mettre des taxes ſur les citoyens, pour les faire contribuer aux dépenſes publiques ?

R. Nullement ; car s'ils impoſent ces taxes ſur quelques individus ſeulement, ils attaquent la propriété ; s'ils les impoſent ſur toute la communauté, ils violent à la fois & la propriété & les droits de la nation, en uſurpant l'autorité légiſlative, puiſque cette taxe eſt générale, & que tout réglement général eſt une loi. Auſſi eſt-ce un des principes les plus certains de la politique, que dans toute ſociété légitime, les impoſitions publiques ne peuvent être ordonnées que par le corps même de la nation aſſemblée ; & c'eſt particulierement une des maximes les plus anciennes & les plus ſacrées de la conſtitution Françaiſe. Il n'eſt point de Publiciſte véritablement inſtruit de nos loix, qui ne convienne qu'aucun impôt ne peut être légitimement établi que par l'autorité des trois États du Royaume.

D. La liberté & la propriété civiles, ces droits primitifs de tout individu vivant en ſociété , font-ils affurés aux membres de la nation Françaife , par des inftitutions fixes & des loix pofitives ?

R. Ce but eft celui de toutes nos loix politiques & civiles ; ce font ces droits facrés que le Roi jure de maintenir à fon couronnement ; c'eft pour leur confervation que font établis tous les Tribunaux de l'État , dans chacun defquels fe trouve un Officier (a) fpécialement commis au redreffement des griefs , auquel peut s'adreffer tout citoyen qui fe croit léfé ; & cet Officier doit même veiller d'office , à ce que perfonne ne foit troublé dans la jouiffance de fes juftes prérogatives.

D. Mais outre ces droits, appartenans par leur effence à tous les citoyens, n'en eft-il pas de particuliers pour chaque ordre de la nation , & qui leur font affurés par les loix ?

R. Oui, chacun des trois ordres du peuple Français jouit de privilèges particuliers ; le Clergé, là Nobleffe & le tiers - État ont chacun les leurs, & qui leur font également garantis par la conftitution. Nous allons tous les parcourir dans les Chapitres fuivans.

(a) Les Procureurs Généraux.

CHAPITRE

CHAPITRE VII.

Des droits du Clergé.

D. QU'EST-ce que le Clergé ?

R. C'eft le corps des Miniftres de l'Evangile, chargé d'annoncer au peuple la Doctrine de Jefus-Chrift, & à qui cette augufte fonction a fait dans toutes les fociétés chrétiennes, attribuer des prérogatives qui diftinguent avantageufement fes membres des autres Citoyens.

D. Quels font en France les droits qui font attribués à ce Corps refpectable ?

R. Il forme, en vertu des loix conftitutives, le premier Ordre de la nation, & a, en cette qualité, la préféance fur les deux autres Ordres, dans les affemblées des Etats généraux ou Provinciaux.

D. Ce Corps n'admet-il pas quelque fubdivifion ?

R. Il fe fubdivife en premier & fecond Ordre. Le premier eft le Corps Épifcopal, qui a fuccédé fans interruption au Collége Apoftolique, & dont les membres ont par la même raifon fuccédé aux droits & à l'autorité des Apôtres. Le fecond Ordre eft le Corps des Prêtres, qui font les vrais fucceffeurs des foixante-dix Difciples de Jefus-Chrift, & des anciens de l'Églife primitive.

D. Quelles font les prérogatives des Évêques ?

R. Ils font tous confidérés comme hauts-Barons du Royaume, & fiégent en cette qualité aux

I

États généraux & dans les grands Tribunaux de la nation ; ils sont associés à la Cour des Pairs, dans le gouvernement de l'État, & doivent, au moins en certain nombre, être appellés à ce Sénat suprême dans les occasions importantes ; c'est l'usage constamment suivi depuis la conversion des Francs au Christianisme ; & de plus, la constitution a uni à chaque Évêché un tribunal, dans lequel la Justice se distribue au nom de l'Évêque entre Ecclésiastiques, pour causes purement personnelles. Ces Tribunaux se nomment Officiaux, & leur jugement n'est réformable que par appel comme d'abus aux Parlemens.

D. Le second Ordre du Clergé ne jouit-il pas de privilèges importans ?

R. Le Corps & les Membres jouissent de très-grands privilèges, comme d'exemption d'emplois onéreux, de préséance sur les individus de la Noblesse & du tiers-État, de redevances lucratives, telles que les dîmes, pour ceux qui possèdent des Bénéfices ; & autres trop longs à détailler, qui leur sont assurés par la loi, & dont la loi seule peut les dépouiller.

D. De quelle maniere le Clergé doit-il députer aux États généraux ?

R. Les Membres du premier Ordre ou les Évêques, doivent tous y siéger sans exception ; c'est un droit qu'ils tiennent de la constitution de l'État, & dont personne ne peut les priver. Quant au second Ordre, il peut députer par Diocèses ou par Provinces, suivant qu'il le juge plus commode.

CHAPITRE VIII.

Des droits de la Noblesse.

D. QU'ENTENDEZ - vous par la Noblesse Française ?

R. C'est le second Ordre de l'État, dont les Membres jouissent, en vertu de la constitution, d'une illustration inhérente à leurs personnes & héréditaire, d'où découle une très-grande quantité de droits & de privilèges pareillement héréditaires.

D. Quelle est l'origine de la Noblesse Française ?

R. Il est difficile d'en déterminer précisément l'époque. Il est très-certain qu'elle étoit inconnue dans les premiers siécles de la Monarchie, & qu'alors il n'y avoit dans la nation qu'un seul ordre de Citoyens. Nous trouvons la grande Noblesse déjà formée à l'avénement de Pepin au trône, & tout concourt à nous en faire trouver l'origine dans le mauvais goüvernement des Rois de la premiere Race, sous lequel les Leudes & les Comtes, qui ne possédoient leurs dignités qu'à vie, parvinrent à se les rendre héréditaires à la faveur des troubles de l'État. Quant à la seconde Noblesse, elle dut sa naissance au gouvernement féodal qui s'établit sur les ruines de l'ancienne constitution, & par la décadence de la Maison de Charlemagne. Elle subsistoit déjà à l'avénement de Hugues Capet, & prit une forme solide dans les 11me. & 12me. siécles, qui furent le temps des croisades.

I 2

D. Vous m'avez donné à entendre que la Noblesse ne devoit son origine qu'aux abus du gouvernement, aux usurpations des principaux Magistrats, & au dérangement de la constitution ; d'après cela, comment ces droits ont-ils pu devenir légitimes ?

R. Il le sont devenus par le consentement des assemblées nationales, qui reconnurent sous Charlemagne, & ratifièrent par plusieurs loix l'hérédité dans les places du sénat de la nation, & les autres grandes Magistratures ; & lorsqu'à la décadence du Gouvernement féodal, le peuple fut remis en possession du droit de concourir à la législation, il ratifia encore la légitimité des droits de la grande & de la petite Noblesse, en concourant aux loix qui en déterminent l'état.

D. Quels sont les droits de la Noblesse ?

R. Ces droits sont ceux du Corps ou des individus ; & premièrement, le Corps forme, comme nous l'avons déjà dit, le second Ordre de l'État : c'est dans cet ordre seul que se doivent prendre les grands Sénateurs du Royaume, que nous nommons Pairs de France, & les grands Officiers de l'État : la Noblesse forme une armée toujours subsistante, une milice nationale & indestructible, & qui est spécialement chargée de la défense de l'État : elle est considérée comme le nerf de la force Militaire ; & dans les dangers imminens, la constitution l'appelle nommément, par une convocation générale, à la défense de la République.

D. Quels sont les droits attachés aux individus ?

R. Il en est de généraux & communs à tous les Membres de cet Ordre, & de particuliers qui sont restraints à certaines personnes. Ainsi tout

Membre de la Nobleſſe eſt exempt de payer certains impôts auxquels ſont ſujets les Membres du
tiers-État, a le libre droit de port-d'armes, le
droit excluſif d'entrer dans certains Corps Militaires & Eccléſiaſtiques ; & dans pluſieurs Provinces, hérite de ſes parens d'une maniere particuliere, que l'on appelle *partager noblement.*

D. Quels ſont, parmi les droits attachés aux
individus, ceux qui ſont reſtreints à certaines
perſonnes ?

R. Ce ſont les droits des Nobles titrés que
l'on nomme Barons du Royaume, & les droits des
Seigneurs.

D. Qu'entendez-vous par ces Barons ou Nobles
titrés ?

R. J'entends ceux qui ſont diſtingués du reſte
de la Nobleſſe par quelque titre héréditaire ;
& ce ſont les Princes & Pairs, comme faiſant
partie de la Nobleſſe, les Ducs non Pairs, les
Marquis, les Comtes, les Vicomtes & les ſimples
Barons ; tous ces Nobles ont, dans les États généraux & Provinciaux, la préféance ſur les autres
Membres de leur Ordre, peuvent, à l'excluſion
de ceux-ci, ſiéger dans certains Tribunaux, &
prennent le pas ſur eux dans toutes les occaſions.
Ces titres ſont à la fois perſonnels & réels ; ils ſont
réels, parce qu'ils doivent être aſſis ſur des Terres d'une étendue & d'un revenu fixé ; & perſonnels, parce qu'ils doivent être en même temps
établis ſur la tête des poſſeſſeurs de ces Terres.

D. Qu'entendez-vous par Seigneur & droit de
Seigneurie ?

R. Le droit de Seigneurie eſt un droit de Domaine éloigné, ſur une certaine étendue de terrein & de Juriſdiction ſur ſes habitans. Le Seigneur
eſt celui à qui appartient ce droit.

D. En quoi confiste ce droit de domaine & de Jurifdiction ?

R. Le droit de domaine confifte en hommages que rendent au Seigneur les vaſſaux ou poſſeſſeurs de fiefs contenus dans la Seigneurie, en redevances qu'il perçoit dans l'étendue de ce même terrein, tels que cens ſur les Terres, droits de péage, droits de lods & ventes. Le droit de Jurifdiction confifte dans la diftribution de la Juftice civile & criminelle qui ſe rend en ſon nom aux habitans renfermés dans l'étendue de ſa Seigneurie.

D. Ces droits font-ils indeftructibles ?

R. Ils font indeftructibles & inviolables, parce qu'ils font garantis par la conftitution, au corps & aux membres de la Nobleſſe ; & ils ne peuvent être abolis que par une véritable loi émanée du confentement général des Citoyens.

CHAPITRE IX.

Des droits des Communes ou du Tiers-État.

D. QU'ENTENDEZ-vous par les Communes ou le tiers-État ?

R. J'entends en général tous les Citoyens qui ne font ni de l'ordre du Clergé, ni de celui de la Nobleſſe ; ce qui forme la partie la plus nombreuſe de la Nation, & par conféquent la plus importante.

D. Cet Ordre de Citoyens a-t-il toujours eu féance dans les affemblées de la Nation ?

R. S'il n'a pas toujours été en poſſeſſion d'y fié,

ger, il y a toujours eu un droit imprescriptible. Le tiers-État se trouvant composé de la plus grande partie des Membres de la société, forme, à proprement parler, la société elle-même; & les deux autres Ordres ne doivent être considérés que comme des associations particulieres, dont les intérêts sont, par la constitution même de l'État civil, réellement subordonnés à celui de cet Ordre nombreux, malgré l'évidence de ce droit, & quoique depuis l'origine de la nation, le peuple fit la base & l'essence des assemblées législatives, il s'est vu un temps où il étoit exclus de ces assemblées: écrasé sous l'oppression du Gouvernement féodal, de ce gouvernement barbare, où le Corps de la Noblesse s'arrogeant tous les avantages de la société, usurpa l'autorité législative, & s'empara de toute la propriété de l'État, ce peuple fut réduit à l'esclavage le plus humiliant, vécut sans domicile dans le sein de la patrie, & sans influence dans le corps social dont il constituoit la principale force. Il sortit enfin de son anéantissement par le rétablissement des communes; & dès-lors les assemblées législatives redevinrent de vraies assemblées de la nation, puisqu'elles comprenoient l'universalité des Citoyens, & les actes qui en émanerent furent de véritables loix, parce qu'elles furent établies par la volonté générale, qui, dans tous les temps & dans tous les lieux, est la seule source de toute vraie législation.

D. Le tiers-État n'est-il pas constitué différemment des deux autres Ordres?

R. Oui, & la différence consiste en ce que les deux autres Ordres forment chacun une seule masse, dont la vie & l'existence civile sont communes au tout, au lieu que le tiers-État est séparé en différentes portions , dont chacune jouit d'une vie légale , absolument indépendante de celle des autres; ces portions sont appellées Communes ou Communautés ; & forment autant de petites Républiques dans le sein de la grande République de la Nation Française ; ainsi l'on peut dire que l'ordre du Clergé & celui de la Noblesse , sont des corps politiques composés d'individus , & que le tiers-État est un corps politique , dont les parties intégrantes sont d'autres corps politiques.

D. Ces petites Républiques ont-elles quelque rapport dans leur essence & dans leur constitution avec les grandes sociétés ?

R. Toutes réunions d'individus qui ont le même but , doivent aussi se ressembler dans leur forme essentielle ; & ces sociétés secondaires ont , comme toutes les grandes sociétés, pour fin principale de leur institution, le bien général des membres qui les composent. Ainsi il existe dans chacune d'elles un pouvoir souverain ou législatif, qui s'exerce relativement à l'intérêt de la commune, & dans les limites de cet intérêt ; mais toujours d'une maniere subordonnée au pouvoir législatif de l'État.

D. Où réside le pouvoir législatif de la commune ?

R. Il réside essentiellement dans la collection de ses membres ; il n'appartient qu'à l'universalité des Citoyens ou Bourgeois de la communauté , de faire des réglemens généraux pour le bien & la conservation de cette société : ce droit découle des principes établis ci-dessus , & qui conviennent également à toute espece d'association légitime , & se fonde plus particuliérement

sur

fur nos loix conftitutives & fur les titres primitifs de l'établiffement des communes Françaifes.

D. Ce pouvoir légiflatif ne s'exerçant que fur
les intérêts généraux, n'a-t-il pas befoin d'un pouvoir exécutif pour particularifer fes actes ?

R. Auffi ce fecond pouvoir exifte-t-il dans
la communauté ; & la manutention de l'ordre public, & l'application des réglemens généraux
s'y trouvent confiées à des Magiftrats qui agiffent
& parlent au nom de la légiflation municipale.

D. Les formes de l'adminiftration ou du pouvoir exécutif font-elles auffi variées dans les
conftitutions municipales que dans celles des grandes fociétés ?

R. Elles ne le font pas tout-à-fait autant, parce
que la différence d'étendue & de population n'eft
pas à beaucoup près auffi grande entre les premieres qu'entre les fecondes ; celles-ci fe réduifent
même toutes à la polycratie ou à l'adminiftration
de plufieurs ; mais comme elle eft fufceptible de
différens degrés d'extenfion, auffi le gouvernement municipal n'eft-il pas exactement le même
dans chaque communauté : dans l'une, la démocratie domine ; dans l'autre, c'eft l'ariftocratie : elle
fe trouve cependant prefque par-tout mêlée l'une
avec l'autre, & l'ariftocratie y eft même toujours élective. Les premiers Magiftrats y font
généralement amovibles ou bienaux ; on les nomme Échevins, Confuls, Capitouls ou Jurats, fuivant la coutume des Provinces, & ils ont ordinairement à leur tête un Officier qui les préfide,
appellé Maire, du mot latin *Major*, comme étant
le chef de la fociété municipale : la puiffance & la
dignité de ces Magiftrats varient beaucoup d'une
communauté à l'autre, & cela dépend de la conf-

K

titution & de l'importance de cette Communauté.
Ces Magiſtrats n'exiſtent que dans les grandes
communautés, compoſées des habitans des Villes
& des gros Bourgs ; mais les petites communes,
telles que celles des campagnes, ne ſont pré-
ſidées que par des Syndics, Officiers ſans orne-
ment ni titre de Magiſtrature, & dont les fonctions ſe bornent à préſider, & à recueillir les voix
dans les aſſemblées de la communauté, & à agir
en ſon nom lorſqu'elle les en charge.

D. Tous ces corps jouiſſent-ils des mêmes
privilèges ?

R. Il en eſt certains qui leur ſont communs à
tous, & dont ils jouiſſent en qualité de ſociétés
municipales ; mais il en eſt d'autres qui ſont excluſivement attachés à quelques-uns d'entr'eux ; &
cela ordinairement à raiſon de l'importance de ces
ſociétés, de la grandeur & de la ſituation du lieu
qu'elles occupent. Ainſi les capitales des grandes
Provinces, les Ports-de-mer, les grandes Villes
de commerce & les Villes frontieres, ſont ordinairement décorées de privilèges qui les diſtin-
guent des autres communautés du même genre.

D. Quels ſont les privilèges communs à toutes
les ſociétés municipales, & ceux qui ſont particuliers à quelques-unes d'entr'elles ?

R. Les premiers ſont, pour les communautés,
le droit de faire des réglemens pour leur conſervation & leur avantage ; le droit de banniere municipale, ou de port-d'armes pour la collection
de leurs citoyens ; le droit de propriété ſur tout
ce qui eſt à l'uſage de la communauté, &c. Pour
les individus, le droit de donner leur voix dans
l'établiſſement des loix municipales, dans l'élection des Magiſtrats de la communauté. Quant aux

fecondes, elles confiftent ordinairement, pour le Corps des Citoyens, dans une plus grande extenfion du pouvoir de légiflation, & dans des prérogatives attribuées à leurs Magiftrats ; & pour les membres, dans l'exception de certains impôts, le droit de port-d'armes & autres privilèges qui les rapprochent de la condition du Gentilhomme.

D. De quelle maniere le tiers-État affifte-t-il aux États généraux ?

R. Dans les premiers temps de la Monarchie, tous les citoyens, fans exception, affiftoient aux affemblées générales de la Nation; la Nobleffe étoit alors inconnue & tous les Français ne formoient qu'un feul ordre ; mais les Leudes, les Comtes & autres Magiftrats, étant parvenu à rendre leurs dignités héréditaires, non contens de fe former en claffe féparée du gros de la fociété, concentrerent dans cette nouvelle claffe toute l'autorité de la Nation. Lorfque Charlemagne réforma cet abus, & remit le peuple en poffeffion de fon droit légiflatif, s'appercevant que les Français, qui du temps de la conquête fe trouvoient en petit nombre, & raffemblés dans une partie des Gaules, s'étoient extrêmement multipliés depuis ce moment, & répandus dans toutes les Provinces du pays conquis ; & qu'il étoit difficile, pour ne pas dire impoffible, de les réunir tous dans un confeil général, établit en conféquence, que chaque Comté ou diftrict de la Monarchie, éliroit un certain nombre de députés qui le repréfenteroient, & voteroient pour lui dans l'affemblée du *Champ de Mai*. C'eft, à peu de chofe près l'ordre qu'on a fuivi depuis cette époque dans toutes les affemblées de la Nation. Chaque communauté envoie des députés aux États généraux, qu'elle charge d'agir en son nom, & d'y défendre, tant l'intérêt particulier de leurs commettans, que l'intérêt public du Royaume.

D. Le pouvoir que les communes donnent à leurs députés, s'étend-il jusqu'à remettre, sans aucune restriction, leurs intérêts entre les mains de ces députés, de maniere qu'ils puissent voter dans tout ce qui a trait à la législation, sans consulter leurs commettans ?

R. Non, & cela seroit de la plus grande absurdité, & repugneroit absolument à l'essence de la société civile ; alors le pouvoir législatif ne résideroit plus dans la nation, & ce ne seroit plus la volonté générale qui dirigeroit l'État ; mais l'autorité souveraine se trouveroit concentrée dans le corps de ces députés dont la volonté ne feroit qu'une volonté particuliere, & l'intérêt qu'un intérêt privé : il en résulteroit un véritable despotisme, puisque le despotisme existe dans tout État dirigé par une autre volonté que la volonté générale, & que celle-ci réside essentiellement & exclusivement dans la collection de tous les citoyens. Ainsi, conformément aux principes du bon sens, du Droit naturel, & particuliérement de la constitution Française, les députés des communautés sont obligés de les consulter dans tout ce qui a trait à l'intérêt général, & ne peuvent rien terminer sans le consentement exprès de leurs commettans, dont le défaut rendroit toutes leurs opérations invalides & contraires à la constitution.

CHAPITRE

CHAPITRE X.

De la Religion de l'État.

D. QUELLE est en France la Religion de l'État?

R. C'est la Religion Chrétienne, Catholique, du Rit latin.

D. Pourquoi dites-vous du Rit latin?

R. Parce que l'Église universelle se divise en plusieurs branches, qui, bien qu'unies par la croyance des mêmes dogmes, diffèrent cependant quant à la discipline & à certaines cérémonies : les principales de ces branches sont l'Église d'orient, & l'Église d'occident, autrement l'Église grecque & l'Église latine ; & c'est aux Rits & aux cérémonies de cette dernière, que les habitans des Gaules, dans la suite devenus Français, ont toujours été attachés, depuis leur conversion au Christianisme.

D. Comment nomme-t-on en particulier l'Église de France ?

R. On l'a toujours nommée l'Église Gallicane.

D. Cette Église diffère-t-elle essentiellement, quant aux Rits, des autres Églises latines ?

R. Elle en diffère très-peu ; elle s'est seulement distinguée par son attachement à conserver la pureté de la discipline, de la hiérarchie & des constitutions de l'Église primitive.

D. Qu'entend-on par les libertés de l'Église Gallicane ?

L

R. On n'entend autre chose que le droit commun de l'Église primitive, fondé sur la tradition Apostolique, les Canons des conciles généraux & les usages des premiers siécles; droit auquel plusieurs Églises particulieres ont souffert que l'on donnât atteinte chez-elles; mais que l'Église Gallicane a conservé précieusement, & défendu avec courage contre les innovations de la Cour de Rome. Ainsi ce mot de liberté ne doit point induire en erreur, comme si c'étoit des exemptions d'un joug légitime que tous les autres portent; ce ne sont nullement des concessions de la Cour de Rome, ou des prétentions nouvelles & tolérées; mais elles sont le véritable droit de l'Église, fondé sur sa constitution essentielle, & dérivé de la tradition des Apôtres; & c'est au contraire le systême de la Cour de Rome, qui est une véritable innovation, & qui attaque réellement l'essence de la discipline & de la hiérarchie Ecclésiastique.

D. Quels sont les principaux articles des libertés de l'Église Gallicane?

R. Le premier & le principal, est la supériorité du concile général ou de l'assemblée qui représente l'Église universelle sur tous les Membres de l'Église, tant simples fideles que Pasteurs, sans en excepter le premier d'entr'eux; savoir, l'Évêque de Rome, qui se trouve soumis, tant pour sa personne que pour ses décisions, au jugement de cette assemblée. Le plus important après celui-ci nous enseigne, que l'infaillibilité de décision en matiere de foi, n'appartient qu'à l'Église seule, & nullement à aucun de ses Pasteurs en particulier; & que par conséquent, les prétentions de la Cour de Rome qui l'attribue à son

Évêque, font abfurdes & contraires à la conftitution de l'Églife. Par les autres, nous apprenons que tous & chacun des Évêques ne tiennent leur autorité que de Jefus-Chrift feul ; que le fyftême qui concentre l'épifcopat dans la perfonne de l'Évêque de Rome, & en fait émaner l'autorité des autres Pafteurs, qui dès-lors ne feroient que fes Vicaires, eft injurieufe au corps des Pafteurs, & contredit par la tradition de tous les fiécles ; que tout au contraire l'Épifcopat eft poffédé folidairement par tout le corps des Évêques, & que chacun d'eux en exerce une partie dans fon diocèfe, en vertu de cette autorité qui lui eft effentielle comme fucceffeur des Apôtres ; que l'Évêque de Rome n'a de jurifdiction immédiate que dans fon Diocèfe ; qu'il eft le premier des Pafteurs & non leur maître ; que fa puiffance eft limitée & réglée par les Canons, & qu'il peut être condamné & dépofé par le concile général ; que les jugemens qu'il rend en matiere de dogme ou de difcipline, ne peuvent faire loi de l'Églife, qu'après avoir été examinés & reçus par les Pafteurs de toutes les Églifes particulieres, ou la plus grande partie d'entr'eux ; que les Bulles données par cet Évêque de Rome aux autres Évêques, font un abus contraire à l'ancien droit de l'Églife, & que l'on tolere par des raifons particulieres ; que ces Bulles n'inveftiffent d'aucun pouvoir l'Évêque qui les reçoit, & qu'il tire toute fon autorité de l'ordination qui lui confere la dignité Apoftolique ; que la puiffance fpirituelle & la temporelle, font effentiellement féparées ; que leurs objets étant différens, elles ne peuvent fe confondre ou être dominées l'une par l'autre ; de-là que le Pape & les autres Pafteurs

n'ont aucun empire fur le temporel des peuples
& de leurs Magiftrats ; que la jurifdiction de ces
Pafteurs ne peut s'exercer que fur des objets fpiri-
tuels, & d'une maniere purement fpirituelle;
que puifque l'Eglife eft renfermée dans l'Etat,
& que le Citoyen eft antérieur au Chrétien, la
République & fes Magiftrats ont un droit d'infpection dans l'Eglife, non, à la vérité fur le
dogme, parce qu'alors l'autorité fpirituelle leur
feroit affujettie ; mais fur la police extérieure en
tant qu'elle intéreffe l'ordre civil ; que par une
conféquence néceffaire, les Eccléfiaftiques ne
doivent point, dans ce cas, leur refufer l'o-
béiffance ; que cette jurifdiction s'étend fur l'adminiftration des Sacremens, & fur la conftitution extérieure de la hiérarchie ; que les Eccléfiaftiques font auffi fujets aux loix de l'Etat que
les autres Citoyens; qu'aucune puiffance n'a droit
de les y fouftraire, & qu'ils ne tiennent que de
ces mêmes loix les biens qu'ils poffedent dans la
fociété, & le rang qu'ils y occupent.

D. L'Eglife Gallicane ayant été plus attachée
que les autres Eglifes particulieres à ces principes, qui font le droit primitif de l'Eglife univerfelle, eft donc réellement plus conforme, quant
à fa difcipline, à l'inftitution Apoftolique & à
l'efprit de l'Evangile ?

R. Cela eft hors de doute; en effet, conformément à cet efprit, qui eft un efprit de liberté
& de modération, le gouvernement de l'Eglife,
quoique dans fon effence une véritable théocra-
tie, eft, quant à fa forme extérieure, une république où les loix feules regnent, & où la volonté du corps domine toutes les autres volontés;
& les prétentions de la Cour de Rome tendent

au contraire à introduire dans la société Evangélique un despotime & un esclavage entièrement opposés à l'intention de son divin Instituteur.

D. L'Eglise Gallicane n'a-t-elle fait aucun réglement particulier pour expliquer & défendre cette discipline primitive qu'elle a conservé si religieusement ?

R. Depuis Hincmar, ce généreux défenseur de nos libertés, jusqu'aux Évêques de l'assemblée de 1684, cette Église a fait plusieurs décrets solemnels pour arrêter les innovations & les prétentions de la Cour de Rome à mesure qu'elles se renouvelloient, & les principaux sont la Sanction pragmatique & les quatre articles de l'assemblée de 1684.

D. Qu'est-ce que la Sanction pragmatique ?

R. C'est un réglement fait par le concours de la nation, du Roi & des Évêques, sous le règne de Charles VII ; ce réglement fut extrait des décisions des Conciles de Constance & de Bâle, qui avoient défini & expliqué les vrais principes de la hiérarchie & de la discipline universelle. On y ajouta quelques articles relatifs aux privilèges & aux usages particuliers de l'Église de France, & le tout fut érigé par les États en loi fondamentale de la nation.

D. Ce réglement, quoique érigé dans le quinziéme siécle en loi fondamentale, n'a-t-il pas été abrogé par quelque autre loi plus nouvelle ?

R. Il est vrai que François I, Roi de France, fit un Concordat avec Léon X, Évêque de Rome, dont plusieurs articles étoient contraires aux dispositions de la Pragmatique ; mais le Concordat n'étant que l'ouvrage du Roi, &

n'ayant jamais reçu le fceau du confentement national, n'a pu abroger un acte de la volonté générale des citoyens, qui eft la volonté fouveraine,
& à laquelle toute autre volonté, dans la république, eft néceffairement foumife : auffi maigré le
Concordat, le Parlement & la nation n'ont pas
ceffé de confidérer la Sanction pragmatique comme loi fondamentale de l'Églife & de l'État.

D. Qu'eft-ce que le réglement de l'affemblée
de 1684 ?

R. C'eft une décifion faite par le Clergé de
France, affemblé cette année-là à Paris, & dans
laquelle on renouvella les principaux articles de
la Pragmatique, contredits alors par la Cour de
Rome ; comme la fupériorité du Concile général
fur l'Évêque de Rome, la faillibilité des décrets
de ce même Évêque en nature de dogme ou de
difcipline, quand ils n'ont pas été adoptés par le
confentement de l'Églife univerfelle ; l'indépendance réciproque des puiffances fpirituelles &
temporelles, & la fauffeté du fyftême qui donne
au fiége de Rome quelque autorité fur le temporel des fociétés politiques.

D. Que devons-nous penfer de ces deux réglemens ?

R. Tout Chrétien attaché à la liberté de l'É-
vangile, & tout bon citoyen, les regardera
comme deux Loix précieufes qui fixent les vrais
principes en cette matiere ; & il fe fera un devoir & une gloire d'y conformer fa conduite,
foit qu'il fe trouve placé dans le rang des fimples
fideles, ou dans celui des Miniftres de l'Églife.

D. Quel a été le principal appui des libertés
de l'Églife Gallicane ?

R. C'eft le Sénat de France, l'Augufte Cour

des Pairs , qui n'a ceſſé de défendre cette pré-
cieuſe partie de nos droits , contre les entre-
priſes perpétuelles de la Cour de Rome , & dont
le courage & la vigilance nous ont préſervés de
tomber dans l'eſclavage ſuperſtitieux où ſont
plongées preſque toutes les nations Catholiques. Ce bienfait ſignalé ſuffiroit ſeul pour attacher chaque vrái citoyen à ce Corps reſpectable , qui fut de tout temps la colonne de la Conſti-
titution.

CHAPITRE XI.

RÉCAPITULATION.

D. RÉCAPITULONS les divers objets que
nous venons de parcourir , & pour commencer ?
Qu'eſt-ce qu'une ſociété politique ?

R. C'eſt une collection d'hommes , réunis
librement pour travailler de concert à leur avantage commun ; & cela en vertu d'un contrat primitif , qui forme la baſe de l'aſſociation.

D. Une ſociété politique , ne peut-elle pas
être légitime , ſi les membres qui la compoſent
n'ont été réunis librement ?

R. Non , parce que la liberté eſt eſſentielle à
l'homme , & qu'ayant reçu de la nature un pouvoir abſolu de direction ſur ſon être , c'eſt à
chaque individu ſeul qu'il appartient de modifier ſon état primitif & naturel , de la maniere
qu'il juge lui être la plus avantageuſe.

D. Qu'eſt-ce que le contrat primitif ? eſt-il
eſſentiel à l'inſtitution d'une ſociété ?

R. Le contrat primitif est une convention du Corps social avec chacun de ses membres, par lequel il l'assure de la protection de toutes ses forces, pour le maintenir dans la jouissance de sa liberté & de sa propriété ; & l'individu, en se soumettant à l'empire absolu de l'association, promet, de son côté, de n'user de l'une & de l'autre que conformément aux décisions de la volonté générale. Ce contrat est ce qui donne la vie & l'existence à la société civile ; elle ne subsiste que par son observation, & se dissout nécessairement du moment qu'il est anéanti.

D. Quel est le but de la société politique ?

R. Ce but est contenu dans la définition de la société ; c'est le bien général ou l'avantage commun des membres qui la composent.

D. Par quel moyen peut-on atteindre ce but ?

R. Par l'établissement d'une force qui dirige de ce côté tout l'ensemble de la machine politique.

D. Quelle est cette force ?

R. C'est l'autorité Souveraine.

D. Où doit-elle résider ?

R. Puisque le but de la formation des sociétés est essentiellement le bonheur de ceux qui les composent, c'est une conséquence naturelle que l'autorité Souveraine réside dans la seule volonté qui ne peut point s'écarter du but social, c'est-à-dire, dans la volonté du Corps des citoyens, que nous appellons la volonté générale.

D. D'où dérive la tendance nécessaire de la volonté générale au bonheur de la société ?

R. Elle dérive de l'amour de soi, sentiment, qui, dirigeant essentiellement chaque individu vers son bien propre, dirige nécessairement, &

par

par la même raison, toute collection d'individus vers leur avantage commun.

D. De quelle maniere l'autorité Souveraine agit-elle sur le Corps politique ?

R. Cette autorité n'est jamais dirigée dans son action que vers un but général; c'est le Corps social, considéré sous un point de vue; qui agit sur lui-même considéré sous un autre point de vue; & c'est précisément ce qui constitue l'impartialité & la bonté essentielle de ses décisions; qualités qui ne leur seroient plus inhérentes, si la volonté générale se portoit vers un objet individuel; parce qu'alors nulle relation essentielle n'identifiant son intérêt avec celui de cet objet, il n'existeroit dans sa direction aucun principe sûr & immuable d'équité.

D. Comment se forme le pouvoir Souverain ?

R. Il se forme de l'aggrégat des pouvoirs particuliers que la nature à donné à chaque individu sur son être.

D. Mais puisque le Corps social est composé d'individus, & que les loix doivent leur être appliquées; que d'un autre côté l'autorité souveraine n'a que des vues générales, il est nécessaire qu'il existe un agent chargé de particulariser ces vues, & de les appliquer aux membres de la société ?

R. Aussi cet agent existe-t-il dans chaque société; c'est ce qu'on appelle le pouvoir exécutif ou le gouvernement, & ses dépositaires sont en général nommés Magistrats.

D. La forme de ce pouvoir varie-t-elle suivant les différentes sociétés, & quelles en sont les especes ?

R. Elle varie presque d'une société à l'autre; l'

M

& les modifications en font en très-grand nombre ; mais on peut rappeller ces différentes variations, aux trois formes simples, dout les combinaisons constituent toutes les formes mixtes. La premiere a lieu, lorsque chacun des citoyens, ou la plus grande partie d'enrr'eux, exerce quelque fonction de Magistrature ; on la nomme Démocratie : la seconde se trouve par-tout ou l'exécution des loix est confiée à un certain nombre de citoyens choisis, & c'est l'Aristocratie ; enfin, la troisieme existe, quant la totalité du pouvoir exécutif est déposée entre les mains d'un Magistrat unique, & c'est le Gouvernement Monarchique.

D. Comment ces Magistrats agissent-ils sur les membres de la société ; & quel genre d'obéissance leur est-il dû par ceux-ci ?

R. Les Magistrats étant purement les instrumens de la volonté générale, ne doivent jamais agir qu'en son nom ; ce n'est par conséquent qu'à ce seul titre qu'ils sont en droit d'exiger l'obéissance des membres de la société, & du moment qu'ils s'écartent de ses décisions, ou qu'ils lui substituent leurs volontés particulieres, tout citoyen peut & doit refuser d'obéir à leurs ordres, & la société est en droit de les punir.

D. Toute société peut-elle déposer chacun de ses Magistrats en particulier, ou changer en entier la forme du gouvernement ?

R. Elle peut faire l'un & l'autre ; il n'est point dans le Corps politique d'autorité qui ne cede à la sienne & qui n'en émane ; elle a donc le droit de retirer à elle, quand elle le juge à propos, la portion de pouvoir qu'elle a confié ; c'est elle qui a établi le gouvernement pour son avantage, elle peut par conféquent le détruire & lui en fubftituer un autre, quand elle le juge plus convenable au grand but focial, qui eft le bien public ; c'eft un droit qui lui eft inhérent, & dont par la nature de l'état civil, l'exercice eft abfolument laiffé à fa prudence.

D. Lorfque dans le Corps focial une volonté particuliere fe fubftitue d'une maniere permanente à la volonté générale, qu'en réfulte-t-il ; & quel effet cela produit-il fur la fociété & fur fes membres ?

R. Il en réfulte la ruine de la fouveraineté légitime ; & la naiffance d'un pouvoir violent & illégal, que l'on nomme defpotifme ; & qui n'eft autre chofe qu'un état de guerre, d'un feul ou de plufieurs, avec une portion de l'efpece humaine ; dont ils oppriment la liberté ; l'effet de ce nouveau pouvoir eft l'anéantiffement du contrat focial, la diffolution de la fociété, par conféquent l'affranchiffement de fes membres de tout lieu civil & leur retour dans l'état primitif où ils ne font plus obligés de reconnoître d'autre Juges qu'eux-mêmes, & d'autres loix que les loix éternelles de la nature.

D. Le rapport intime qui unit les citoyens à la fociété, oblige donc chaque individu à des devoirs confidérables envers cette fociété dont il eft membre ?

R. Le lien civil réunit dans le plus haut degré, ce que nous devons à notre prochain, & ce que nous nous devons à nous-mêmes. Par cette inftitution falutaire, l'humanité & l'amour de foi, confondus & comme identifiés, exigent du citoyen le dévouement de tout fon être, comme il doit tout à la société, comme il n'existe & n'agit en quelque sorte que par elle, il ne doit vivre & n'agir que pour elle, & subordonner toutes ses affections à l'amour de la patrie.

D. Appliquons à la constitution Française ces principes généraux, qui conviennent à toutes les sociétés politiques, & premierement en qui réside parmi nous le pouvoir législatif?

R. Il réside dans la totalité de la nation, composée du Roi & des trois Ordres de l'État.

D. Sur quelles preuves vous appuyez-vous?

R. Sur les raisons tirées du but & de l'essence du Corps politique, sur les constitutions fondamentales de la nation, & sur les faits de son histoire.

D. Où réside le pouvoir exécutif en France, & quelle en est la forme?

R. Il est partagé entre le Roi & un Sénat, que l'on nomme Cour de France, Parlement ou Cour des Pairs, d'où il résulte que sa forme est une Monarchie aristocratique.

D. Quelle est la partie de l'administration que la nation a confié au Roi?

R. Le Roi se trouve revêtu sans partage de toute la force militaire; est le Chef de l'État, le premier Juge des Citoyens, & le Président-né & perpétuel du Sénat suprême ou de la Cour des Pairs; prépare avec elle toutes les matieres qui doivent être portées à l'assemblée des États; convoque cette assemblée; est chargé de faire observer les loix qui s'y établissent concurremment avec la Cour des Pairs, dont il forme une partie essentielle; & possede ces divers pouvoirs par un droit héréditaire, que le consentement

ment tacite de la nation continue, de mâle en mâle seulement.

D. Quelle est la partie qui se trouve, par la constitution, placée entre les mains du Parlement ?

R. Ce Sénat représente la majesté du Corps social, lorsque celui-ci n'est point actuellement assemblé ; est chargé de défendre ses droits, de veiller à la défense de la liberté nationale, & de la liberté particuliere de chaque individu, balance le pouvoir royal, le retient dans les bornes fixées par les loix; est proposé au maintien de l'ordre civil ; est le Tribunal suprême où se portent en dernier ressort toutes les contestations entre les citoyens, & qui décide souverainement dans la punition de toute espece de délit ; ce corps légitime enfin, par son concours, toutes les opérations du Magistrat suprême dans tout ce qui a trait au gouvernement intérieur.

D. Quels sont les membres qui composent ce Sénat ?

R. Il en est de deux sortes ; les Pairs ou Grand de la nation, qui sont les Magistrats primitif du Parlement, & qui en forment l'essence, & les Présidens & Conseillers, que l'on ne doit regarder que comme Magistrat secondaires & dérivés des premiers; mais qui bien qu'inférieurs en dignité, jouissent en commun avec eux de tous les privilèges appartenans au Corps, & sont aussi décorés de certains honneurs relatifs aux individus.

D. Lorsque le Trône est vacant, à qui se trouve dévolue la totalité du pouvoir exécutif ?

R. A cette partie de l'administration qui, par

N

sa nature est toujours subsistante, c'est-à-dire, au Parlement.

D. Est-il au pouvoir de quelque Magistrat, même du Roi, d'anéantir ce Sénat ou quelqu'une de ses parties, ou de priver, de sa propre autorité, un de ses membres de la place qu'il y occupe?

R. Ce Corps formant une partie intégrante de la constitution, ne peut être anéanti que par le pouvoir qui a formé la constitution; c'est-à-dire, par la nation elle-même; & une entreprise semblable, de la part d'une autre autorité quelconque, seroit un acte du plus violent despotisme, & un attentat ouvert contre les droits de la société. Chaque Membre du Parlement, soit Pair, soit Magistrat de robe, possédant son état en vertu des loix, & sous leur protection, ne peut en être dépouillé que par ces loix mêmes; & le Magistrat qui priveroit un de ces Sénateurs de sa place, ou lui interdiroit l'exercice de ses fonctions, se rendroit, quelque élevé qu'il fût en dignité, coupable d'un très-grand abus d'autorité, & mériteroit en conséquence d'être réprimé par l'autorité suprême du Corps de la nation.

D. Quels sont les droits essentiels à tout individu vivant en société?

R. Ce sont ceux qui dérivent immédiatement du but de l'institution sociale, c'est-à-dire, la liberté civile & la propriété.

D. Qu'est-ce que la liberté civile?

R. C'est l'indépendance de tout autre pouvoir que du pouvoir législatif, qui, résidant essentiellement dans la volonté générale, volonté tendant nécessairement à l'intérêt public, & par conséquent à chaque intérêt individuel, donne à tous les membres du Corps politique, & à chacun d'eux, la sûreté la plus parfaite qu'il soit possible d'imaginer.

D. Puisque dans toute constitution légitime chaque citoyen ne doit dépendre que des loix & de la volonté générale qui les établit, il en suit donc nécessairement que personne dans l'État n'a le droit de priver un citoyen de son indépendance, & que toute autorité d'un individu sur un autre individu, n'est légitime qu'autant qu'elle dérive de la volonté générale ?

R. Cela est incontestable ; toute action d'une volonté particuliere devient illégale dans l'État civil, dès qu'elle ne tire pas son principe de l'autorité législative Disposer, indépendamment des loix, de la vie ou de la fortune d'un individu, le priver de l'exercice de sa liberté physique, prétendre l'asservir à ses ordres particuliers, lui interdire la faculté d'écrire ou de parler sur ce qui concerne l'intérêt public, le soustraire enfin, de quelque maniere que ce soit, à la relation unique & essentielle d'empire & d'obéissance, qui doit exister entre le Corps social & chacun de ses membres, pour le soumettre à une volonté particuliere, & dès-lors désordonnée dans l'État civil, toutes ces choses sont autant d'attentats contre les droits de la société, d'infractions du contrat primitif, & par conséquent de délits qui exigent une punition aussi prompte que sévère.

D. Qu'entendez-vous par la propriété ?

R. C'est un droit qu'un ou plusieurs hommes ont de se servir d'une chose pour leur utilité ou leur plaisir, & d'en disposer suivant leur volonté.

D. Combien diftinguez-vous d'efpèces de propriétés ?

R. J'en diftingue de deux efpèces ; la propriété naturelle & la propriété civile.

D. Qu'eft-ce que la propriété naturelle &
d'ou dérive-t-elle ?

R. La propriété naturelle eft celle qui s'ac-
quiere par des moyens purement naturels & hors
de l'état civil; elle dérive de l'obligation où tout
homme eft de fe conferver, ce qui ne pouvant
avoir lieu fans fubfiftance, met chaque individu
dans la néceffité de fe procurer les chofes qui
peuvent la lui donner, & lui en affure la poffeffion
dès le moment qu'il fe les eft procurées.

D. Qu'eft-ce que la propriété civile ?

R. C'eft celle qui doit fon origine aux conventions qui ont pofé la bafe du Corps politique, & qui eft une portion départie à chaque
individu de la maffe générale de la propriété publique ; maffe formée par la réunion de toutes les
propriétés naturelles appartenantes à chacun
des affociés, antérieurement à la formation de
l'état civil. La confervation de cette propriété
étant, après la liberté, l'objet le plus important
pour chaque individu, & formant une partie de
fon exiftence civile, eft également fous la protection des loix, & tout Magiftrat ou particulier qui l'attaque, en totalité ou en partie, fe rend
coupable d'une infraction très-décidée du contrat focial.

D. Ne fuit-il pas de-là, que toute impofition
établie fur la nation, ou fur une de fes parties,
indépendamment de la volonté générale, eft une
violation du droit de propriété.

R. C'eft une conféquence néceffaire de ce prin-

cipe : ajoutez à cela que lorfque la taxe eft générale & revêt la nature d'une loi, c'eft dans toute autorité, qui n'eft pas celle de la nation, une
ufurpation de la fouveraineté.

D. Les loix de France ont - elles pourvu à
conferver à chaque individu la liberté & la propriété, ces droits importans qui font la bafe de
fon exiftence civile ?

R. Toutes les véritables loix politiques & civiles du Royaume tendent à ce but, comme au but
primitif de la fociété. Les Parlemens veillent
continuellement, à ce qu'aucun citoyen ne foit
troublé dans la jouiffance de fes droits ; il eft
dans chacune de ces Cours, un Officier prépofé à
pourfuivre le redreffement des griefs, & à dé-
noncer les violations des droits légitimes des membres du Corps focial.

D. Outre ces droits généraux & communs à tous
les membres de l'État, n'en eft-il pas de particuliérement relatif, à chacun des ordres de la
nation ?

R. Oui, le Clergé, la Nobleffe & le tiers-
État, qui font les trois Ordres de la nation Fran-
çaife, jouiffent chacun de privilèges relatifs aux
Corps & aux individus qui les compofent.

D. Qu'eft-ce que le Clergé, & quelles font
fes prérogatives ?

R. Le Clergé eft le Corps des Miniftres de
l'Évangile ; il fe fubdivife en deux Ordres, qui
font les Évêques & les fimples Prêtres. La totalité du Corps eft confidérée comme le premier
Ordre de l'État, & jouit par conféquent de la préféance, fur les deux autres, dans l'affemblée de la
nation ; les Évêques en particulier tiennent le
rang de hauts Barons du Royaume, & par une

conféquence néceffaire , ont féance dans la Cour
des Pairs. Les privilèges attachés aux membres
du fecond Ordre , font le droit de préféance fur
les individus de la Nobleffe & du tiers-État,
l'exemption de certains impôts & des emplois
onéreux, & droit de dîme pour les Eccléfiaftiques
qui poffédent des Bénéfices.

D. Qu'eft-ce que la Nobleffe ?

R. Quoiqu'il foit difficile de fixer la date pré-
cife de fon origine , on peut cependant rappor-
ter celle de la grande Nobleffe au dérangement
que la conftitution éprouva fous la premiere Race , temps où la nation tombant dans la plus
grande négligence de fes droits , laiffa exercer
le pouvoir fuprême de l'État par le Roi & le
Corps des Leudes. Alors ces Leudes, dont la dignité n'avoit été qu'élective jufques-là , profi-
terent de l'indifférence du véritable Corps légiflatif pour la perpétuer dans leurs familles , &
ceux d'entr'eux, qui, fous le nom de Comtes, ré-
giffoient les différens diftricts de la Monarchie,
rendoient pareillement héréditaires , fur leurs
têtes , ces emplois qui n'étoient antérieurement
donnés qu'à vie. Cette révolution établit deux
claffes permanentes , & effentiellement féparées
parmi les Français, qui , jufques-là n'avoient formé qu'un feul ordre. Quant à la feconde Nobleffe , elle dût fa naiffance au gouvernement féodal , & ne prit une forme folide que dans le
temps des premieres Croifades.

D. Quels font les droits attachés à la Nobleffe ?

R. Ces droits font ceux du Corps ou des Membres : ceux du Corps font, le rang qu'il occupe dans l'État , l'honneur d'être fpécialement

chargé de la défenfe de la patrie, & de former par conféquent une Milice nationale & indeftructible; le privilège d'avoir la principale part au pouvoir exécutif de l'État, par le moyen des grands Sénateurs du Royaume ou Pairs de France, qui ne peuvent être pris que dans la Noblefle & en font les Chefs effentiels; ceux des membres font, ou communs à tous, tels que la préféance fur les membres du tiers-État, l'exemption de certains impôts, le port d'armes, la faculté excluſive d'entrer dans certains Corps Militaire, &c. ou particuliers à quelques individus feulement, tels que le droit qu'ont les nobles titrés de fiéger, à l'excluſion des autres Nobles, dans certains États Provinciaux, & dans pluſieurs Cours de Juftice, & celui de les précéder dans les États généraux de la nation; le droit de Seigneurie fur une certaine étendue de terrein, & les Habitans qu'elle renferme, &c. tous ces droits relatifs aux corps ou aux membres, dérivent actuellement de la conftitution & ne peuvent être anéantis que par l'autorité même qui a formé la conftitution, c'eft-à-dire, par le pouvoir fuprême du Corps des Citoyens.

D. Qu'entend-on par les Communes ou le tiers-État?

R. On entend tous les citoyens qui ne font, ni de l'Ordre du Clergé, ni de celui de la Noblefle, ce qui formant la partie la plus nombreufe de la nation, en forme par conféquent la plus importante.

D. Son droit de féance, dans les États généraux, eft-il bien ancien?

R. Il eft auffi ancien que la nation, & tient à l'effence même du Corps politique: en effet, le

peuple formant par-tout la majeure partie de la
fociété, doit non-feulement avoir part à la légiflation ; mais fon intérêt doit même y prédo-
miner ; auffi dès l'origine de la République
Françaife, le peuple forma toujours l'effence &
la bafe des affemblées légiflatives ; la Nobleffe
héréditaire n'exiftoit point dans ces temps reculés,
lés, & la qualité de Leude ou de membre du Sénat
des anciens, étoit la feule diftinction alors connue ;
diftinction qui ne fe tranfmettoit point aux def-
cendans. Lorfque ces Magiftrats, devenus d'abord
héréditaires, par une corruption du gouvernement, ufurperent enfuite le droit de légiflation ;
la conftitution fut alors détruite, le Corps politique anéanti, & il s'en forma un nouveau totalement
concentré dans le parti des ufurpateurs ; les Français ne redevinrent une véritable nation que dans
le temps où le peuple fecouant le joug du Gouvernement féodal, recouvra fa liberté, & avec elle
la part que la nature & la conftitution lui donnoit à la légiflation ; ce fut alors qu'il prit le
nom de tiers-État, parce que le préjugé du
temps ne lui accorda que le troifieme rang
parmi les Ordres du Royaume, ou de Communes,
parce qu'il fe fépara en portions indépendantes,
appellées Communes ou Communautés, & qui
avoient chacune leurs réglemens & leurs Magiftrats particuliers. Ce fut dans le treizieme fiécle
que cette heureufe révolution s'opéra en France,
& dans le refte de l'Europe qui fe trouvoit foumife
au même gouvernement barbare.

D. Vous avez dit que le tiers-État eft divifé
en petites fociétés indépendantes les unes des
autres ; or, comme ces fociétés fecondaires doivent avoir pour but de leur inftitution le bien
général

général de leurs membres, ainſi que la grande
ſociété qui les renferme ; que par conséquent il
doit réſider dans chacune d'elles une volonté ſuprême, qui les dirige vers ſon but eſſentiel, ap-
prenez-moi où réſide cette volonté ſuprême, &
le pouvoir délégué pour exécuter ſes déciſions ?

R. Cette volonté ſuprême qui eſt l'autorité légiſlative de la commune, ne peut réſider que
dans la totalité de ſes membres ; c'eſt au Corps
entier des Bourgeois qu'il appartient ſeul dans
chaque Communauté de faire des réglemens généraux, & leur exécution eſt confiée aux Officiers municipaux, dont le nom, le nombre &
l'autorité varient d'une Communauté à l'autre.

D. Comment les communes aſſiſtent-elles aux
États généraux ?

R. Elles y aſſiſtent par députés, qui ne peuvent
cependant rien conclure ſur les objets de légiſlation & d'intérêt général, ſans l'approbation
& le conſentement exprès de leurs commettans :
toute autre maniere de procéder ſeroit illégale
& contraire à la raiſon & à la conſtitution.

D. Quelle eſt en France la Religion de l'État ?

R. C'eſt la Religion Chrétienne, Catholique,
du Rit latin.

D. Comment nomme-t-on la portion de l'É-
gliſe univerſelle qui eſt dans le Royaume de
France ?

R. On la nomme l'Égliſe Gallicane.

D. Qu'entend-on par les libertés de l'Égliſe
Gallicane ?

R. On entend le droit commun & ancien de
l'Égliſe univerſelle, auquel les autres Égliſes
ont ſouffert que l'on donnât atteinte chez elles ;
mais que l'Egliſe Gallicane a conſervé précieuſ

O

ſement , comme ſeul conforme à l'eſprit & à la
véritable conſtitution de la ſociété Evangélique.

D. Donnez-moi une idée de ce droit primitif
& ſeul canonique , conſervé par l'Egliſe Gallicane ?

R. Il ſe réduit à établir premierement , que la
forme extérieure du gouvernement Eccléſiaſti-
que , eſt une véritable république où l'autorité
Souveraine réſide dans la volonté generale , d'où
il ſuit que les déciſions du Corps de l'Egliſe
ont ſeules force de loi , ſoit qu'étant diſperſée, elle
donne ſon conſentement à ce qui eſt propoſé ,
par un ou pluſieurs de ſes Paſteurs , où qu'étant
réunie en concile général , elle définiſſe , de ſon
propre mouvement les articles de foi ou établiſ-
ſe des réglemens de diſcipline ; que ſon pouvoir
s'étend ſur tous ſes membres , ſimples fideles ou
Paſteurs , ſans en excepter le premier d'entr'eux
qui eſt l'Evêque de Rome , & qu'elle a le droit
de le cenſurer ou de le dépoſer ; que l'Epiſco-
pat n'eſt point concentré dans la perſonne d'un
ſeul ; mais eſt poſſedé ſolidairement par tout le
Corps des Evêques , dont chacun reçoit directement ſa miſſion de Jeſus-Chriſt , & nullement
de l'Evêque de Rome ; ſecondement que l'autorité Eccleſiaſtique ne devant s'exercer que ſur
des objets ſpirituels , & d'une maniere purement
ſpirituelle , eſt totalement diſtincte de l'autorité
civile , & ne peut s'étendre ſur des objets tem-
porels ; enfin , que l'Egliſe étant renfermée dans
l'Etat , ſon adminiſtration extérieure eſt ſoumiſe
à l'inſpection de la ſociété politique & de ſes
Magiſtrats ; & ſes Paſteurs ſont obligés d'obéir
aux loix , ainſi que le reſte des citoyens , & ne
tiennent que de ces mêmes loix , les biens qu'ils

poſſèdent dans la ſociété & le rang qu'ils y occupent.

D. L'Egliſe Gallicane a-t-elle fait quelques
réglemens particuliers pour aſſurer l'obſerva-
tion de ce droit primitif & Apoſtolique ?

R. Oui, cette Egliſe a fait deux réglemens
très-célèbres ſur cet objet, qui ſont la Sanction
pragmatique du regne de Charles VII, & les
quatre articles de l'aſſemblée de 1684. Ces deux
déciſions doivent être regardées comme le bou-
clier des libertés de l'Egliſe Gallicane, & tout
bon citoyen ſe fera une loi d'y conformer ſa conduite, ſoit qu'il ſe trouve placé dans l'ordre des
Paſteurs, ou dans celui des Laïques.

D. Par qui nos libertés Eccléſiaſtiques ont-
elles été défendues avec le plus de courage contre les prétentions de la Cour de Rome ?

R. Par le Parlement, par l'auguſte Cour de
France ; c'eſt ſa vigilance infatigable qui nous
a préſervé de l'eſclavage ſuperſtitieux où ſont
plongées preſque toutes les nations Catholiques ;
& ce ſeul bienfait doit ſuffire pour attacher
tout bon citoyen à ce Corps reſpectable, qui fut
dans tous les temps le plus ferme appui de la conſtitution.

D. Après avoir parcouru ſommairement les
principaux objets de notre droit public, dites-
moi s'il eſt eſſentiel que chaque membre de la
nation s'inſtruiſe des loix fondamentales, & de
la conſtitution de l'Etat ?

R. C'eſt un des premiers devoirs des citoyens,
puiſqu'ils ſont tous ſolidairement chargés du maintien de cette conſtitution, & de la défenſe de
la liberté publique. L'entendement du Corps ſocial qui dirige la volonté publique dans ſes opé-

rations, ne fe forme que par la réunion des lumières particulieres, & chaque membre de l'Etat doit s'inftruire, parce que fa volonté eft une partie intégrante de la volonté générale. Une nation peu inftruite, ignorant fes droits, les néglige, & fe laiffe conduire à l'efclavage fans s'en appercevoir. Ainfi, que tout peuple jaloux de fa liberté, que tout Magiftrat, vraiment citoyen, répande l'inftruction dans chacune des claffes de la fociété, fans exception, autrement la privation de lumieres fociales ne tardera pas à amener le defpotifme dans le gouvernement, & l'aviliffement dans la nation.

F I N.

PREUVES

ET REMARQUES.

(1) LA société politique n'a pu légitimement
dériver que d'un contrat primitif, exprès ou tacite, qui dans l'origine a lié mutuellement les
membres de cette société. L'opinion qui regarde
le pouvoir paternel, comme la source du gouvernement civil, est entiérement destituée de
fondement ; l'autorité des peres est purement limitée au temps de l'enfance, & ce n'est qu'à cet
âge où l'homme ne jouissant pas encore de sa
propre raison, est obligé de se conduire par la
raison d'un autre ; du moment que par le déve-
loppement de ses facultés, l'ame a acquis des
forces suffisantes, dès-lors l'individu devient de
droit son propre maître & seul arbitre de sa conduite. Quant au sistême superstitieux, qui faisant
intervenir la volonté de Dieu dans l'établissement des sociétés, revêt les chefs des nations d'un
autorité céleste, & transforme la Magistrature
en une espece de sacerdoce, il ne peut être con-
sideré que comme le résultat des notions les plus
fausses sur la nature de l'homme & sur celle de la Divinité. L'Etre suprême agit aussi peu par des vues
particulieres dans le gouvernement du monde
moral, que dans celui du monde physique. Il a

donné aux hommes la raison & la fociabilité, & a vu que l'impulfion de l'une & la lumiere de l'autre, étoient fuffifantes pour les diriger & les conduire à la félicité; par ces deux dons le Créateur a fait affez pour eux, & n'a plus eu, dèslors, qu'à les livrer à eux-mêmes, & au jeu de ce double mobile. Il refte donc à dire, qu'entre des Etres égaux, doués des mêmes pouvoirs phyfiques & moraux, il n'exifte que la voie des conventions pour modifier leur état primitif. Ce font les conventions qui font la bafe de tout état d'inftitution, & par conféquent de l'état civil. Ce font donc elles qui lui donnent l'exiftence, & qui doivent en déterminer le but; & c'eft donc à elles qu'il faut remonter, toutes les fois qu'il s'éleve quelque difficulté fur la nature & la fin des engagemens civils.

(2) La prépondérance de l'intérêt général fur tous les intérêts particuliers, eft ce qui conftitue la liberté politique. Ainfi par-tout où l'intérêt général prépondere effentiellement, fur tous les intérêts particuliers, la nation eft libre; mais faites attention que je dis, effentiellement; car fi cette prépondérance étoit accidentelle & tenoit à des caufes variables, la liberté de cette nation ne feroit que précaire, & dèslors ne feroit pas une véritable liberté.

(3) Tout pouvoir eft, ou de direction, ou de propriété; tout pouvoir relatif aux êtres intelligens, eft un pouvoir de direction; il n'exifte & ne doit exifter que pour le bien de l'être fur lequel il s'exerce; il ne doit être fans bornes, que lorfque la volonté dans laquelle il réfide, tend néceffairement au bien de l'être dirigé. Si cela n'étoit pas, ce pouvoir feroit dangereux &

contraire par cela même au but du Créateur, qui
eſt le bonheur des êtres ſentans & intelligens : &
de-là il ſuit, que ce pouvoir abſolu ne peut, relativement aux individus, exiſter que dans la perſonne individuelle même, & relativement aux
êtres collectifs, tels que les ſociétés politiques,
que dans le Corps ou la collection de tous les membres ; parce que c'eſt ſeulement dans la volonté
de l'un & de l'autre, qu'exiſte ce rapport néceſſaire avec le bien particulier de l'individu, & le
bien général de la ſociété.

(4) Le pouvoir ſouverain eſt inaliénablement
attaché au Corps de la nation, parce que c'eſt
dans la ſeule volonté de ce Corps, qu'exiſte
cette tendance néceſſaire vers l'intérêt public,
abſolument eſſentielle à la volonté directrice du
Corps politique. C'eſt donc la nature & le but
mêmes de l'État civil, qui déterminent dans
quelles mains doit réſider l'autorité ſouveraine
ou légiſlative. Les Magiſtrats peuvent être les
Conſeillers de l'État ; mais leur volonté ne doit
jamais en être l'arbitre. *The wiſdom, of the few*,
dit Harrington dans ſon Occeana : *may be light
of mankind but the intereſt, of the few, is not the
intereſt ; of the mankind, nor of à community. La
ſageſſe d'un petit nombre peut devenir la lumiere du genre humain ; mais l'intérét d'un petit
nombre n'eſt point l'intérét du genre humain ni
celui d'une ſociété. The intereſt of the people
dit-il plus bas ; Is in the whole body of the people. L'intérét d'un peuple ne réſide que dans
tout le Corps du peuple*: Ainſi toute la différence d'une ſociété à l'autre, ne peut rouler que
ſur la différence de la forme du pouvoir exécutif ;
mais nullement ſur l'eſpèce de l'autorité ſouve-

taine, qui doit par-tout être la même, & ne réfider que dans la feule volonté, qui ne peut point
s'écarter du but focial.

(5) La différence des formes de gouvernement tient beaucoup, foit à la grandeur des fociétés, foit au temps, plus ou moins éloigné, où
elles fe trouvent de l'époque de leur origine. A
leur naiffance, refferrées généralement, quant au
terrein & quant à la population, dans des bornes
fort étroites, l'inégalité étoit prefque nulle entre leurs membres; leurs befoins très-rapprochés
de la nature, leurs intérêts peu compliqués: de-
là fort peu de difficulté dans l'application des
loix; point d'hommes puiffans qu'il fallût contenir par une force toujours agiffante; parce que
chacun des membres de la Communauté, perpétuellement fous les yeux de tous, ne pouvoit
échapper à l'infpection générale, & que le cri
public condamnoit fur le champ tout infracteur
des conventions fociales. Il ne dut donc point
alors y avoir de Magiftrats, ou pour mieux dire,
tout citoyen étoit Magiftrat, & par conféquent
le gouvernement fut Démocratique. S'il exifta
dès-lors quelque efpèce d'ariftocratie, ce dut
être tout au plus l'ariftocratie naturelle, l'autorité des peres & des vieillards, dont la fageffe &
l'affection préparoient & conduifoient les réfo-
lutions publiques. Mais dans la fuite, lorfque, par
l'augmentation des membres de la Cité, l'ac-
croiffement de fon territoire, & l'inégale répar-
tition des richeffes, dans les différentes claffes
de la fociété, cette infpection de tous fur chacun fut devenu plus difficile, que l'intérêt public fe trouva perpétuellement obfcurci par les
nuages des intérêts particuliers, & que l'inégalité de puiffance, en altérant le niveau primitif

de l'ordre social , donna aux riches le desir de tourner en leur faveur tous les avantages de l'état civil, il fut nécessaire de faire, parmi les citoyens, un choix des plus habiles , & des plus estimés d'entr'eux , dont la nation forma un Corps, à qui elle remit l'administration de la force publique, & qu'elle chargea d'être en tout temps la lumiere & le conseil de la société ; & le gouvernement devint aristocratique. A mesure que les États s'aggrandissoient , la rivalité naquit entre les peuples ; les guerres s'allumerent & devinrent presque continuelles : alors de la nécessité de prendre souvent des résolutions subites , & du secret essentiel à la réussite des expéditions militaires , sortit l'institution du pouvoir Monarchique ou de la Magistrature Royale, pouvoir dans lequel il réside plus de force & de célérité que dans l'autorité d'un Sénat, dont la marche est nécessairement gênée par la lenteur des délibérations. Tel est l'ordre naturel de la filiation des Gouvernemens. Il faut cependant observer que dans le passage d'un gouvernement à l'autre , les peuples prudens ont toujours eu soin de conserver , dans la nouvelle forme d'administration , une partie de celle de l'ancienne. De-là sont nées les formes mixtes , qui , tempérant les pouvoirs les uns par les autres , en réunissent les avantages & en diminuent les inconvéniens. L'aristocratie mêlée de démocratie , est meilleure que l'aristocratie simple ; elle met plus de liberté dans la constitution , & retient plus efficacement les Magistrats dans la dépendance de l'autorité de la nation. La Monarchie tempérée par un mêlange d'aristocratie , est aussi certainement préférable à la Monarchie pure ; elle empêche l'autorité Royale de dégénérer en despotisme, & donne plus de fixité & de régularité à la conduite de l'administration. La forme du gouvernement des Français étoit aristocratique dans son origine ; le pouvoir exécutif résidoit en entier dans les mains du conseil des Leudes ou anciens de la nation. Après les conquêtes & l'etablissement de ce peuple dans les Gaules, la Monarchie fut instituée sur la tête de Clovis ; mais le Sénat des Leudes conserva toujours une très-grande autorité, & concourut avec le Monarque à toutes les opérations du gouvernement. Cè Sénat, qui, depuis a pris le nom de Cour de France, Parlement, ou Cour des Pairs, est même actuellement d'un très-grand poids dans la balance de la constitution ; il est le défenseur des loix & de la liberté, le conservateur de l'ordre public, & forme comme le moyen de liaison entre l'autorité Souveraine du Corps politique, & le pouvoir délégué du Prince.

(6) Si les principes de ce premier Chapitre paroissoient trop abstraits à quelques-uns de mes Lecteurs, je leur présenterois ainsi la chaîne de mes raisonnemens. Toute société ne peut être légitimement instituée que pour le bien de ceux qui la composent ; on ne sauroit atteindre ce but d'une maniere sure & permanente, si la volonté Souveraine, c'est-à-dire, celle qui en dernier ressort ordonne tous les mouvemens de la machine politique est susceptible de s'écarter de ce même but : toute volonté quelconque est susceptible de s'en écarter, à l'exception de la volonté générale, par où j'entends le vœu commun des individus réunis en société ; c'est donc à cette volonté qu'appartient la direction suprême du

Corps politique. Je cherche la raifon de cette tendance effentielle de la volonté générale vers l'intérêt public ; je la trouve dans l'amour de foi : ce fentiment inné à tout être fenfible, infpire néceffairement à chaque individu le defir de fon bonheur : dès que ces individus font réunis par des liens d'un intérêt commun, il fe forme de tous ces defirs particuliers, un defir général qui tend vers le bien du tout ; & qui étant de la même nature & dirigé par le même mobile que chacun des defirs qui le compofent, a la même néceffité dans fa tendance vers le bien du tout, que ces defirs particuliers ont dans la leur vers le bien de leurs individus refpectifs.

Chaque homme étant chargé fpécialement du foin de fa confervation, a reçu, pour cet effet, de la nature, un pouvoir fur fa perfonne, un droit de direction fur fon individu. Ce pouvoir eft abfolu, afin que n'éprouvant aucun obftacle dans le choix des moyens & la maniere de les exécuter, il en foit plus propre au but pour lequel il a été donné ; & parce que d'ailleurs il eft fans inconvénient, étant toujours retenu par l'amour de foi dans les limites du bien de l'individu.

C'eft de l'aggrégat de ces pouvoirs individuels que réfulte le pouvoir fouverain après la formation de la fociété. Par conféquent le pouvoir fouverain doit être abfolu fur tous les membres du Corps politique, afin qu'il pourvoie plus efficacement à la confervation du tout, & parce qu'il eft retenu dans les limites de l'intérêt public par la rectitude de la volonté générale qui le dirige.

Lorſque la volonté générale manifeſte ſes déciſions ſur quelque objet d'intérêt public , c'eſt
ce qu'on nomme loi. La loi eſt toujours générale , parce que la volonté d'où elle émane , ne
conſidere jamais que le corps politique pris en
totalité , & les individus pris d'une maniere
abſtraite & générale , & point un ſeul , ou une
partie d'entr'eux en particulier : elle ſtatue ſur
les intérêts purement privés des citoyens ; mais
elle ne ſtatue jamais ſur les intérêts ou la perſonne , de tel ou tel citoyen.

Le Corps politique eſt cependant compoſé
d'individus , auxquels ces déciſions générales de
la volonté publique ont beſoin d'être appliquées ;
ſans cela elles deviendroient parfaitement inu-
tiles : de-là naît la néceſſité d'un pouvoir ſecon-
daire , qui particulariſe ces déciſions & les ap-
plique aux individus & aux cas particuliers. Ce
pouvoir , qui eſt à la volonté générale , ce que
le corps eſt à l'ame , ſe nomme pouvoir exécutif
ou gouvernement. Comme ſa forme peut différer
dans les diverſes ſociétés , ſuivant leur exten-
ſion ou d'autres circonſtances locales , il en eſt
pluſieurs eſpèces qui ont toutes leurs inconvéniens & leurs avantages relatifs. Ses membres
individuels , ſoit qu'il n'y en ait qu'un ſeul avec
lequel il ſoit identifié , ou qu'il ſe trouve compoſé de pluſieurs , ou diviſé en certaines branches , ſe nomment Magiſtrats en général. Enfin ,
leur autorité n'eſt que dérivative & ſubordon-
née à l'action de la volonté publique.

(7) Il exiſte un très-grand nombre de preuves du fréquent exercice que la nation Françaiſe
a fait de l'autorité légiſlative dans tous les temps
de ſa durée. Tacite , dans ſon Ouvrage ſur les
moeurs

mœurs des Peuples de Germanie d'où les Francs
font fortis, dit, en parlant de leur gouvernement:
*de minoribus rebus Principes confultant, de
majoribus omnes; ità tamen ut ea quoque, quorum penes plebem arbitrium eft, apud Principes
prætractentur..... cocunt, nifi quod fortuitum
& fubitum, certis diebus.... ut turbæ placuit,
confidunt armati.... mox Rex vel Princeps,
prout ætas cuique, prout nobilitas, prout de-
cus bellorum, prout facunda eft, audiuntur,
auctoritate fuadendi magis, quàm jubendi po-
teftate. Si difplicuit fententia, fremitu afper-
nantur; fin placuit, frameas concutiunt.* La
Loi falique fut établie & confirmée dans différentes affemblées de la nation. *Dictaverunt fa-
licum Legem proceres ipfius gentis, qui tunc
temporis apud eum erant rectores, funt autem
electi de pluribus viris quatuor.... qui per tres
mallos* (affemblées publiques) *convenientes omnes caufarum origines follicitò difcurrendo
tractantes de fingulis, judicium decreverunt hoc
modo.* Præf. Leg. falicæ. *Placuit atque convenit
inter Francos & eorum proceres, ut propter fer-
vandum inter fe pacis ftudium, omnia incre-
menta veterum rixarum refecare deberent.* Præf.
Leg. fal. *Hoc decretum ft apud Regem & Principes ejus, & apud cunctum populum Chriftia-
num, qui intra regnum Merwengorum confiftunt.*
Præf. Leg. fal. Des actes poftérieurs nous atteftent l'exercice de ce pouvoir par le Corps national affemblé. *Lex confenfu populi fit, & conf-
titutione Regis.* capit. an. 864., art. 6. *Capitula quæ præterito anno Legi falicæ, cum om-
nium confenfu addenda effe cenfuimus.* capit.
an. 801. *Generaliter omnes admonemus, ut cæ-*

Q

pitula quæ præterito anno Legi salicæ , per om-
nium consensum addenda esse censuimus , jam
non ulterius capitula , sed tantum Lex dican-
tur, & imò pro Lege teneantur. capit. an. 821,
art. 5. *Capitularia patris nostri, quæ Franci*
pro Lege tenenda judicaverunt. capit. an. 837,
Interrogetur populus de capitulis , quæ novis-
sime Legi addita nunc , & postquam omnes con-
senserint subscriptiones & manusirmationes suas
apponant. capit .... Les Réglemens provisoires faits par le Roi & le Conseil des Leüdes,
étoient appellés capitules ou capitulaires, & n'é-
toient regardés comme de véritables loix , que
lorsqu'ils avoient reçu le sceau du consentement de
la nation.

Sous le gouvernement féodal , le pouvoir législatif fut exercé par les Prélats, Barons & Chevaliers du Royaume assemblés , ce qui est attesté
par les actes de ce temps-là. *Philippus, Dei gra-*
tiâ, Franciæ Rex, omnibus ad quos litteræ præsen-
tes pervenerint salutem. Noveritis quod per vo-
luntatem & assensum Archiepiscoporum, Episco-
porum, Comitum, Baronum & Militum regni
Franciæ, qui Judeos habent, & qui Judeos non ha-
bent, fecimus stabilimentum super Judeos , quod
juraverunt tenendum illi quorum nomina subscri-
buntur. Novembre, année 1223. L'O. donnance
de 1204 , intitulée : *Stabilimentum feudorum,*
porte en tête le nom du même Roi Philippe-Au-
guste , & des principaux Grands de la nation. Il
s'est tenu plusieurs autres assemblées pendant
la durée du gouvernement des fiefs , où l'on voit
le Baronage & les Chevaliers concourir à la législation. Le Parlement, ou la Cour des Pairs, faisoit souvent, dans ce temps-là , des réglemens

généraux , ainsi que le témoigne le regiftre ma-
nuscrit de l'Hôtel-de-Ville d'Amiens dont parle
Boulainvilliers , intitulé : *Loix & Établiſſemens
ordonnés & confirmés par les Barons du Royaume & les Docteurs en loi.*

Lorſque le peuple ſortit de ſon aviliſſement par
l'affranchiſſement des ſerfs , & la formation des
Communes , il recouvra ſon droit à la légiſlation.
La premiere époque de ſon retour aux aſſemblées
nationales , eſt l'aſſemblée de 1241 , tenue à
Paris , & où furent appellés les gens des bonnes
villes , ſuivant la grande Chronique. Les Députés des Communes furent régulierement convoqués à chaque aſſemblée nationale , depuis Philippe le Bel , & particuliérement toutes les fois
qu'il s'agiſſoit d'établir quelque impoſition. L'il-
légitimité de tout réglement général , & prin-
cipalement de toute loi burſale , ſans le concours de tous les ordres de l'État , fut reconnue
pluſieurs fois par les Rois; & toutes les fois qu'ils
ont tenté de violer la loi ſacrée de la propriété ,
& les principes fondamentaux de la Conſtitution,
en exigeant des taxes arbitraires , ils ont excité
un cri général , & quelquefois des ſoulèvemens
terribles. Telles furent les ligues formées dans
toutes les Provinces ſur la fin du regne de Philippe le Bel ; & qui obligerent Louis Hutin ,
ſon ſucceſſeur , d'accorder la fameuſe Chartre
de ſon nom , pour le redreſſement des griefs de
la Nation : tel eſt l'appel interjetté d'une Or-
donnance de Philippe V , qui établiſſoit une impoſition générale , au jugement des États généraux , auxquels ſeuls il appartenoit d'établir les
impoſitions , appel qui obligea le Prince à convoquer l'aſſemblée des États. Ce droit de ſou-

veraineté inhérent à la Nation, a été reconnu & exercé par le fait dans des siécles encore plus modernes. On voit une convention faite par François I avec Charles-Quint, annullée par les États, comme faite sans leur consentement, & par conséquent invalide & contraire à la constitution. On voit d'autres Rois avouer que leur autorité étoit subordonnée à celle des États de leur Royaume. Quoiqu'il se soit écoulé un temps assez long depuis la derniere convocation des États, leur droit législatif n'est, ni ne peut être éteint; il est inhérent à la nature même du Corps politique, & l'essence de la souveraineté réside toujours dans la Nation assemblée ou non assemblée. Elle peut encore, si la nécessité le demande, s'assembler légitimement de sa propre volonté, sans attendre la convocation d'aucun Magistrat: c'est d'elle enfin que découle toute autorité politique; & c'est son consentement, tacite ou exprès, qui peut seul rendre légitime tout pouvoir qui s'exerce dans la société.

(8) On a senti chez tous les Peuples l'utilité d'un Corps permanent, qui pût être dans tous les temps le conseil & la lumiere de la société; dont la perpétuité maintint un même esprit dans le Corps politique, & une certaine cohérence dans l'administration & dans l'exécution des Loix. Le respect naturel pour la vieillesse, l'expérience attachée à cet âge, lui donna une très-grande autorité dans les commencemens de toutes les Nations; & par cette raison, ce fut dans les mains des anciens que résida pour lors le pouvoir exécutif, & la fonction de préparer & de fixer les objets des Delibérations publiques. De-là dérive l'étimologie des noms de Sénat, de Conseil

feil des Gérontes, de Sénateurs & de Sénieurs, ou Seigneurs, donnés à ces Conseils & à ceux qui en étoient membres. Dans la suite, lorsque la simplicité des mœurs vint à s'altérer, les richesses usurperent la considération, qui ne s'accordoit auparavant qu'à la sagesse & aux années ; & dès-lors ce ne furent plus les lumieres acquises par une longue expérience, mais la supériorité de richesses & de jouissance qui donnerent entrée dans les Sénats ; & l'on vit, par un renversement singulier, de très - jeunes Citoyens qualifiés du titre de Pères publics & d'anciens du Peuple.

Il est tout simple que chez des hommes aussi rapprochés de la nature que l'étoient les anciens Germains, la vieillesse dût jouir d'une extrême considération ; aussi le conseil gouvernant de chacune de leurs Peuplades, n'étoit-il composé que des anciens du Canton. Ce Conseil, dont les membres étoient nommés Leudes, ou Drudts en langue Germaine, traitoit d'avance tous les objets qui devoient être portés aux assemblées de la Nation, & se trouvoit, après la séparation de ces assemblées, chargé de l'exécution des réglemens qu'on y avoit faits. La Ligue des Francs, composée d'une partie des Peuples Germains, avoit, dans chacune de ses Tribus, un Conseil de Leudes qui possédoit la totalité du pouvoir exécutif. Cette aristrocratie subsista durant les premieres invasions des Francs dans les Gaules, & même leurs premiers établissemens dans ces provinces ; mais Clovis un des chefs de leurs Cantons, ayant eu l'adresse de se faire nommer général perpétuel de la Ligue, & ayant détruit les restes de la domination Romaine dans les

R

Gaules, donna naissance au pouvoir Monarchique, qui diminua l'autorité du Conseil des Leudes, sans cependant l'anéantir : le Prince & le Sénat devinrent alors deux puissances égales, balancées l'une par l'autre, & qui devoient se rapprocher dans toutes les opérations du gouvernement. De-là vient que tous les réglemens provisoires rendus par les Rois Merovengiens, dans les intervalles des assemblées nationales, commencent tous par ces mots : *Placuit Regi & fidelibus ejus*, ou par ceux-ci : *Unà cum fidelibus nostris pertractavimus, de consensu fidelium nostrorum*. On rendoit le mot Germain *Drudt*, par le mot latin *fideles*, à cause de la foi du serment qui les lioit entr'eux, & au service de leur patrie.

Vers le milieu de la premiere Race, le Roi & le Conseil des Leudes usurperent toute la puissance publique, & profitant de la négligence de la Nation, s'emparerent du droit de législation. Les actes de ce temps-là ne font plus aucune mention du peuple dans les assemblées législatives ; il n'y est parlé que des Leudes ou anciens, & des Evêques qui avoient été admis dans leur ordre. *Congregatis Episcopis & Majoribus natu*. Après la révolution qui dépouilla de la couronne les descendans de Clovis, & la transporta dans la Dynastie Carlovingienne, le peuple recouvra son droit naturel à la législation, & le corps des Leudes redevint ce qu'il devoit être, suivant la constitution de l'État, le Conseil légal du Prince & de la Nation.

Les vices & l'incapacité des successeurs de Charlemagne, ayant relâché les ressorts du gouvernement & causé de nouveaux troubles dans l'État,

au milieu du défordre des guerres civiles, la conftitution s'écroula & fit place à l'anarchie féodale
qui s'éleva fur fes débris. Dans cette fubverfion
prefque totale, le confeil des Leudes conferva
cependant fon exiftence & fon activité. Il tint
régulierement fes Affifes; & ce fut dans ce temps-
là qu'il prît le nom de Cour des Pairs, parce
que les Leudes qui le compofoient, & qui, fous
le nouveau gouvernement, étoient devenus les
grands Vaffaux de l'État, fe regardoient comme
Pairs, ou égaux les uns relativement aux autres;
ou celui de Parlement, parce que ces Seigneurs
profitoient de l'occafion de leurs Affifes pour
parlementer entr'eux fur les intérêts réciproques
de leurs petits États. Ce Corps étant le feul fimulacre de puiffance publique qui exiftât alors,
devint l'arbitre & le juge de tous les différends
des Pairs & de toutes les queftions féodales; il
contribua puiffamment à retenir enfemble les différentes parties de l'État qui, fe trouvant divifées
en petites Souverainetés, n'auroient pas manqué,
fi elles avoient été dégagées de ce lien, de fe fé-
parer & de s'ifoler mutuellement.

Les Rois qui, depuis l'origine de la Monarchie,
avoient toujours été les Chefs nés du Sénat de la Nation, fous prétexte d'ordre public; & en effet pour
diminuer la puiffance des Vaffaux, attirerent devant le Parlement la décifion de tous les différends
entre les Pairs & les Nobles du fecond ordre ou
arrieres-Vaffaux. Les affaires alors s'étant extrêmement multipliées, & les Pairs occupés au gouvernement de leurs États, ne pouvant fe rendre
tous à des convocations devenues plus fréquen-
tes, les Rois s'aviferent de fuppléer à ceux qui
étoient abfens, en introduifant dans le Parle-

ment de simples Barons ou Seigneurs du second
ordre ; & enfin même des Chevaliers. De cet
usage, devenu ordinaire, ils s'en firent un droit,
& ne manquerent pas à chaque convocation de
choisir ; à volonté, ceux des Barons & des Chevaliers qui devoient tenir les Assises de la Cour
de France avec les Pairs, ou sans eux, quand
ceux-ci se trouvoient absens.

Les Pairs & Barons du Parlement s'étoient
vu obligés, à raison de leur extrême ignorance,
de prendre un certain nombre de Clercs ou Gens-
lettrés de la Classe du tiers-État, ou du second
ordre du Clergé, pour les guider dans les affaires dont ils s'occupoient. Bientôt après les
Clercs acquirent voix délibérative dans ces assemblées ; & les Rois qui vouloient abaisser la
Noblesse, affecterent de les faire entrer en grand
nombre dans le Parlement. Enfin, il arriva insensiblement qu'eux seuls vinrent à composer les
séances ordinaires de cette Cour suprême.

Les appels de toutes les Jurisdictions Royales
& Seigneuriales, devant le Parlement, étant devenus de droit commun, & les affaires se multi-
pliant de plus en plus, les séances devinrent
perpétuelles, ainsi que les places des Magistrats
qui les tenoient. Ce Corps reprit alors plus de
consistance, un esprit & des opérations plus sui-
vies ; il acquit le droit de choisir ses membres,
tantôt seul, tantôt concurrément avec le Roi.
Peu-à-peu les Gens de robe se livrerent moins
à l'influence de la Cour qui les avoit presque
uniquement dirigés, lorsque pouvant être chan-
gés à chaque convocation, le desir de conserver leurs places dans les autres Parlemens, les
engageoit à se prêter aux volontés du Prince;

prenant des sentimens plus libres & plus patrioti-
ques, ils songerent moins alors à étendre la préro-
gative royale, qu'à soutenir l'autorité des loix &
la dignité du Corps dont il étoient membres.
Cette conduite jointe à leurs lumieres, à leur intégrité & à la considération pour le nom antique
de Parlement, ne tarda pas à leur gagner la confiance de la nation. Cette confiance leur fut souvent témoignée par les différens ordres qui la
composent, & de la maniere la plus flatteuse :
tantôt les États assemblés décident que le Parlement doit les représenter dans tous les intervalles d'une assemblée nationale à l'autre ; qu'en
vertu de la Constitution il est le dépositaire & le
défenseur des loix fondamentales ; & qu'attaquer
ses privilèges, c'est violer la liberté publique &
les droits même de la nation ; tantôt ils prient le
Roi de ne rien ordonner dans l'État sans consulter le Parlement, qu'ils appellent son Conseil
légal, & institué pour concourir avec lui à toutes les opérations du gouvernement; tantôt ils se
plaignent que les remontrances de ce Corps ne
sont point écoutées, & qu'on l'oblige à concourir aux édits sans lui laisser la liberté des délibérations ; qu'elle ne peut s'empêcher de regarder de pareils procédés comme des actes de
la tyrannie la plus décidée, & qu'elle exige que
la Cour redresse ces griefs & se comporte autrement à l'avenir.

Dans toutes ces diverses révolutions arrivées
dans le Sénat de France, depuis l'origine du
gouvernement féodal jusqu'à nos jours, les Pairs
n'ont point cessé de constituer la base & l'essence de ce Corps ; & toutes les fois que les délibérations ont roulé sur des affaires majeures & d'or-

dre public ; ces Seigneurs y ont été appellés par une convocation précise. En qualité de Succeſſeurs des anciens Leudes , ils ſont Magiſtrats primitifs & néceſſaires de cet auguſte Corps ; en eux réſide la ſource de toute ſon autorité , & ce n'eſt que dérivativement & par communication des droits de la Pairie , que les Barons & Chevaliers du Parlement , vers la fin du gouvernement féodal , & les Préſidens & Conſeillers qui les remplacent actuellement , ont pu ſiéger dans cette Cour , & exercer les nobles fonctions de Sénateurs du Royaume.

Ainſi, malgré ſes différens changemens de forme , & ſes diverſes dénominations de conſeil dés Leudes , de Cour des Pairs & de Parlement ; cette aſſemblée à toujours été depuis l'origine de la nation , juſqu'à nos jours , le Sénat & la Cour de France , dépoſitaire des loix , protectrice de la liberté, & la lumiere & le conſeil permanent de la Républ ique.

(9) L'exiſtence d'un Corps intermédiaire entre le Monarque & le peuple , n'eſt pas d'une néceſſité abſolue dans le gouvernement Monarchique ; mais j'oſe dire que ſans un pareil Corps , ce gouvernement ne peut avoir qu'une vie de très-courte durée.

C'eſt uniquement la liaiſon intime des diverſes parties de la Conſtitution qui peut donner de la ſolidité à l'enſemble. Or, dès que, par l'extrême diſproportion de ces parties , ou leur peu de rapport entr'elles , leur correſpondance réciproque devient lente & difficile , on doit s'attendre à voir naître la plus grande diſcordance dans leur marche & dans leurs opérations ; on doit s'attendre que , voulant agir indépendamment, les unes des autres, elles ameneront l'anarchie dans

la société, ou que l'une de ces puissances arrê-
tera l'action des autres, prévaudra sur elles, &
les subjuguera entiérement, & que par cette altération la forme de l'administration se trouvera
changée.

Dans une Monarchie légale où le pouvoir législatif réside dans le Corps de la nation, & le
pouvoir exécutif se trouve déposé entre les mains
d'un Prince individuel, il existe un vuide trop
immense entre le Souverain & le gouvernement ; leur action mutuelle s'exerçant à une trop
grande distance, est nécessairement affoiblie par
cela même : d'ailleurs leurs manieres d'être sont
trop peu analogues, leurs intérêts trop peu con-
formes, & les directions de leurs volontés trop
différentes, ou pour mieux, dire trop opposées
dans leur but. Cette extrême disproportion
étant une cause de dérangement inhérente au
gouvernement Monarchique & perpétuellement
agissante, le conduit rapidement à sa destruc-
tion : car aussi-tôt que la discordance s'annonce
entre les deux pouvoirs, le gouvernement ne
tarde pas à dégénérer en despotisme ou à se transformer en démocratie, suivant que la balance
tombe du côté du peuple ou de celui du Prince.

On ne peut prévenir cette altération qu'en
instituant un corps moyen entre ces deux extrê-
mes, qui, participant de la nature de l'un & de
l'autre, tenant à tous les deux par sa formation
& son origine, soit en quelque sorte le véhicule
de leur action mutuelle; & qui modérant l'activité du Prince, & la fléchissant au bien général, augmentant & éclairant celle de la volonté
générale, soutienne la balance d'une main ferme,
& maintienne inébranlablement ces deux parties
intégrantes de la Cité, dans les rapports primitifs de leur institution.

Tel étoit le Sénat Romain , fous le gouvernement des Rois , le Conseil des Vieillards , inftitué
en Crête par Minos , & le Sanhedrin des Juifs :
tels font encore de nos jours les Sénats de Suéde
& de Pologne , la Chambre des Pairs en Angleterre , le Parlément ou la Cour des Pairs en France.
Tous ces Corps ont été & font de la plus grande utilité pour les sociétés , dans lefquelles ils
ont fubfifté ou fubfiftent encore ; ils ont maintenu la liberté dans les unes , confervé chez les
autres une forme & un fimulacre de loix dans les
temps d'anarchie qu'elles ont éprouvé, mitigé
& fapé le defpotifme dans d'autres ; & ont enfin
maintenu dans toutes une certaine cohérence
d'adminiftration, & une certaine perpétuité du
même efprit néceffaires à la ftabilité des Corps
politiques. Après la chûte de fa liberté , Rome
éprouva tous les ravages du defpotifme ; mais
dans cet état d'efclavage & d'abaiffemement, elle
conferva une reffource dans fon Sénat. Ce Corps,
feul refte de l'ancienne conftitution, préfentoit
encore une image de liberté publique : ce nom
antique & vénérable retraçoit encore un fouve-
nir de la légiflation primitive & un fimulacre des
affemblées nationales : le tyran, membre lui-même
du Sénat , paroiffoit n'avoir qu'une puiffance dé-
léguée, & ne pouvoir agir fans l'impulfion & le
concours de cette Compagnié : lié par de certaines formes auxquelles il étoit obligé de s'aftrein-
dre par la force de l'opinion publique, fes fureurs
en devenoient moins rapides & moins deftructi-
ves , le defpotifme enfin s'exerçoit fous un
apparence légale. Dans ce comble de maux &
d'humiliation , cette apparence étoit un très-
grand bien ; parce qu'elle écartoit au moins
ce

ce préjugé si dangereux dans toutes les nations, & qui met le dernier sceau à leur esclavage; préjugé qui leur persuade que l'autorité du Monarque n'est point dérivée d'aucune
autre puissance supérieure parmi les hommes;
mais qu'elle est inhérente & naturelle à sa personne; ou ce qui pour le moins est aussi ridicule,
directement émanée de la divinité. Les Romains
sous les Empereurs, libres de ce préjugé, ne con-
sidéroient leurs Césars que comme les premiers
citoyens de la République & les Lieutenans du
Sénat; & lorsque ces mêmes Princes s'abandon-
nant aux derniers excès du despotisme, faisoient
de trop grandes insultes à la majesté de ce Corps,
& agissoient trop indépendamment de lui, ils
commençoient dès-lors à se rendre odieux & se
préparoient une ruine inévitable. Cette opinion,
reste précieux de l'ancienne liberté, produisit
dans la suite des fruits encore plus salutaires. Les
Empereurs de la maison des Césars s'étant rendus odieux & méprisables, périrent tous d'une
maniere tragique; le Sénat acquit une autorité
plus réelle après l'anéantissement de cette Maison; il eut alors assez de courage pour choisir
dans son Corps des Princes citoyens, qui se firent une gloire de tenir de lui toute leur autorité,
& de n'être que les premiers Ministres des loix: les
vertus antiques reparurent, la liberté refleurit;
& si les Romains d'alors eussent été aussi magna-
nimes, aussi sages que leurs ancêtres, ils n'auroient
tenu qu'à eux d'affermir la nouvelle constitution
sur des fondemens assurés.

Le Conseil des Leudes ou des anciens, antérieur
chez les Français à l'établissement du pouvoir
Monarchique, subsista avec lui, & modéra cette

S

nouvelle autorité par le concours de la sienne propre ; la puissance de ce Corps, souvent altérée & diminuée, ne fut cependant jamais anéantie ; elle survécut à la premiere Race des Rois & reprit une splendeur nouvelle sous la seconde Dynastie. Les guerres civiles ayant ébranlé les fondemens de l'État, & renversé la Constitution, le Conseil des Leudes resta seul inébranlable au milieu de ces ruines ; alors du sein de l'anarchie naquit le gouvernement féodal, dont les parties manquant de liaison entr'elles, vinrent s'accrocher à ce Corps comme à un centre commun : ce fut donc lui qui devint le point de réunion de ces diverses portions de l'État, qui sans cela se seroient isolées mutuellement, & auroient formé autant de puissances indépendantes : lui seul établit une certaine harmonie, & fit subsister quelque ombre de loi & de liberté dans une constitution naturellement discordante, & qui réunissoit tous les inconvéniens de l'anarchie & du despotisme.

Le Sénat de la nation, qui changea de nom vers ce temps-là, & prit celui de Cour des Pairs, à raison de l'égalité réciproque des Seigneurs qui la formoient, vit le gouvernement féodal s'altérer insensiblement & se transformer enfin en une nouvelle Constitution plus conforme à la législation primitive des Français ; & ce Sénat devint lui-même une partie intégrante de cette nouvelle Constitution. Mais l'inconsidération & la légereté nationales, ne permirent pas à un gouvernement aussi avorable aux droits de l'homme & du citoyen, de prendre une assiette fixe ; le despotisme en profita ; il éleva sa tête hideuse ; mais plus d'une fois arrêté dans ses progrès par l'opposition de la Cour des Pairs de

ce Corps antique & inébranlable, il s'eſt vu for-
cé de ſe replonger dans l'abîme d'où il étoit ſor-
ti. Enfin depuis plus d'un ſiécle que l'interruption des aſſemblées nationales retient le pouvoir légiſlatif de l'État dans un ſilence profond,
le Parlement eſt reſté ſeul défenſeur de la liberté
publique : c'eſt uniquement à ſa vigilance, à ſon
courage infatigables, à ſes combats perpétuels
contre le pouvoir arbitraire, que nous devons l'a-
vantage de jouir encore de quelques droits, &
de poſſéder au moins un ſimulacre de loix & de
conſtitution. Ces exemples pris chez deux peuples fameux dans l'hiſtoire ancienne, & dans
l'hiſtoire moderne; ſuffiſent, à ce que je penſe,
pour prouver l'utilité de ces Corps permanens
& intermédiaires dans le gouvernement Monarchique. C'eſt ſur-tout leur permanence qui conſ-
titue leur principale utilité dans cette forme de
gouvernement; de façon qu'une Monarchie dénuée
d'un pareil corps courroit riſque de tomber dans
l'anarchie. Suppoſez, en effet, que dans un Royaume
étendu & privé d'un corps toujours ſubſiſtant,
le Roi électif vienne à mourir, ou la famille
Royale à s'éteindre, ſi la Couronne eſt héréditaire ; qu'eſt-ce qui exercera alors le pouvoir
exécutif pendant la vacance du Trône ? Qui
pourra aſſembler la nation, afin qu'elle remplace
le Roi mort ou la famille éteinte par une nouvelle
élection ? A moins d'un concert unanime & preſque impoſſible dans un grand peuple, on ne con-
cevra point qu'il s'aſſemble de lui-même pour re-
médier à ces inconvéniens : il ſe formera donc des
aſſociations, des aſſemblées partielles, qui dénuées
d'autorité légitime, ne pourront ſe faire obéir par
les citoyens, ou, qui voulant toutes s'emparer
des rênes de l'adminiſtration, mettront par leurs

brigues & leurs débats, l'État dans la plus grande confusion : au lieu que par-tout où subsiste un Corps toujours convoqué par la force de la Loi, la vacance du Trône n'est suivie d'aucun désordre, parce que l'exercice de la force publique tombe aussi-tôt dans des mains autorisées. Ainsi les Sénats de Suéde & de Pologne exercent le pouvoir royal pendant les interregnes ; ainsi la Chambre des Pairs prit en Angleterre les rênes du Gouvernement après la fuite de Jacques II ; ainsi la totalité du pouvoir exécutif tomberoit en France légitimement à la Cour des Pairs, si la Maison Royale venoit à s'éteindre.

Il ne suffit pas dans un gouvernement monarchique, que le corps intermédiaire pris en totalité, jouisse d'une stabilité qui lui soit assurée par la constitution, il faut encore que chacun de ses membres soit personnellement inamovible, qu'il ne puisse être déplacé que par la Loi ; & que, libre de la crainte de toute autre autorité, il puisse exercer avec tranquillité, avec sécurité, des fonctions aussi utiles au maintien de l'harmonie constitutionnelle. Dans un État où la disposition de la force publique est entre les mains d'un seul, ce n'est que de cet individu si puissant que les loix & la liberté ont quelque chose à redouter ; & ce seroit à tort que l'on craindroit les entreprises d'un Corps nécessairement lent dans sa marche, presque borné au pouvoir coercitif, & dont la force n'est jamais qu'une force légale. Tant que le Trône subsistera, il sera toujours de l'intérêt de ce Corps de défendre la liberté & les intérêts du Peuple, & de maintenir l'ordre établi, afin de retenir le Prince dans les bornes de son pouvoir, & l'empêcher de détruire

.truire fa propre autorité. Il en eft tout autrement dans les Conftitutions Polycratiques, où
les Corps permanens, libres de la crainte d'une
autre puiffance toujours fubfiftante & plus active
que la leur, & fe trouvant armés de toute la force
publique, peuvent fournir plus de moyens à l'ambition de leurs membres & aux projets qu'ils
peuvent former contre la liberté publique. C'eft
alors que, quoique la permanence du Corps foit
effentielle au bon ordre & à la ftabilité de la
conftitution, il eft cependant néceffaire de retenir chacun de fes membres fous la main du peuple, pour leur préfenter fans ceffe une autorité
capable de les contenir dans leur devoir. Tout
au contraire dans une Monarchie où le pouvoir
du Prince pefe continuellement fur la liberté
du peuple, il faut oppofer à cette force redou-
table une contre-force toujours agiffante; & pour
mettre celle-ci en état de réfifter plus efficacement, lui donner en folidité tout ce qui peut
lui manquer en activité.

(10) L'utilité & l'importance de ce Corps
dans la conftitution Françaife, ont été recon-
nues par les plus habiles Politiques Français &
étrangers. Voici ce que Machiavel en difoit dans
le feizieme fiécle, au troifieme Livre de fes
Difcours fur Tite-Live, chap. I, où il traite
de la néceffité de rappeller fouvent toute efpece d'inftitution vers fes anciens principes.
*Hanno ancora i regni bifogna di rinovarfi,
& Ridurre le leggi di quelli verfo il fuo prin-
cipio. Et fi vide quanto buono effetto fà quefta
parte nel Regno di Francia; il quale Regno
vive fotto le leggi & fotto gli ordini, più che
alcun altro Regno. Delle quale leggi & ordini*

T

ne sono mantenitori i Parlamenti , & massime
quel di Parigi ; le quali sono da lui rinovate
qualunque volta è fà una essecutione contra ad
uno Principe , di quel Regno & che ei condan-
na il Re nelle sue sentenze. Et infino à qui si è
mantenuto peressera stato un ostinato essecutore
contra à quella nobil.tà ; ma qualunque volta
è ne lascasse alcuna impunitae , & che le vinis-
fino a multiplicare , senza dubio ne nuscerebbe ,
ò che le si harebbono à correggere con disor-
dine grande , ò che quel regno si risolverebbe.

Fin des Preuves & Remarques.

* Le defpotifme ne confomme pas toujours la diffolution de la fociété, elle dépeud encore beaucoup des difpofitions du Peuple.

Tant que ce Peuple démontre par fon mécontentement, par des murmures, par des entreprifes tendantes au rétabliffement de fes droits, qu'il défapprouve la conduite du gouvernement ; tant que les gardiens & les dépofitaires des Loix proteftent contre l'exercice du pouvoir arbitraire, la fociété n'eft point diffoute ; mais le Magiftrat ufurpateur devient alors fimple particulier ; il eft par le droit déchu de fa dignité ; il devient ennemi public, & la guerre eft déclarée entre lui & la Nation.

Mais fi-tôt qu'une force oppreffive a fapé tous les fondemens de la conftitution ; que les loix font fans défenfeurs ; que le Peuple avili & corrompu, ou tremblant fous le joug, n'éleve plus fa voix pour redemander la liberté ; alors ceffe l'état civil, & les individus font ramenés dans l'état de nature ; alors ceffe toute autorité publique, & chacun devient fon propre juge, légitime interprête & miniftre des loix naturelles ; alors, fi dans l'aviliffement général il s'éleve un homme courageux qui tente de brifer les fers de fes Concitoyens, fon entreprife portera, aux yeux de la fageffe & de l'humanité, l'empreinte de la plus fublime vertu.

TABLE
DES CHAPITRES.

Fin de la Table.

www.ingramcontent.com/pod-product-compliance
Lightning Source LLC
Chambersburg PA
CBHW071448200326
41519CB00019B/5663